Kinder sind von Natur aus neugierig, interessiert und voller Begeisterung. In vielen Teilen der heutigen Welt werden sie dennoch unter enormem Leistungsdruck erzogen. Dabei ist Kindheit die wertvollste Ressource eines Menschen, die es zu schützen gilt. Denn Begeisterung verleiht Flügel und macht regelrecht genial. Das wissen wir instinktiv, doch die Wissenschaft liefert uns inzwischen sogar Erklärungen darüber, was in uns genau passiert, wenn wir begeistert sind.

André Stern, 1971 in Paris geboren, ist Musiker, Komponist, Gitarrenbaumeister, Journalist und Autor des Bestsellers ... *und ich war nie in der Schule* (2009). Als Freibildungsexperte ist er ein gefragter Referent, der sich international an der Seite von zukunftsorientierten Akteuren der Bildungslandschaft stark engagiert.

Im insel taschenbuch liegt außerdem vor: *Spielen, um zu fühlen, zu lernen und zu leben* (it 4807).

insel taschenbuch 4860

André Stern

Begeisterung

Klimaneutral
Druckprodukt
ClimatePartner.com/14438-2110-1001

3. Auflage 2024

Erste Auflage 2021
insel taschenbuch 4860

Vertrieb durch den Suhrkamp Taschenbuch Verlag
Umschlagfoto: Anne Loustaunou-Greenberg
Druck: Pustet, Regensburg
Printed in Germany
ISBN 978-3-458-68160-1

www.insel-verlag.de

André Stern

BEGEISTERUNG

Die Energie der Kindheit wiederentdecken

aus dem Französischen von Irène Maeder

Mit Beiträgen von
Richard Bach
Aleksander Baj
Jean-François Bernardini
Jocelyn Dunn
Benoît Le Goëdec
Satish Kumar
Irène Maeder
Joël de Rosnay
Arno Stern
Michèle Stern
Pauline Stern

Insel Verlag

Für Sabryna und Richard Bach, in Dankbarkeit

INHALT

BEGEISTERUNG IST AUCH EIN BEFREIUNGSAKT, DER UNS IN JEDEM ALTER ZUSTEHT

Im Jahr 2008 lernte ich André Stern in Paris eher zufällig kennen und erfuhr, dass er gerade das Manuskript zu »... und ich war nie in der Schule« beendet hatte. Er vertraute mir diesen ersten Text an und das, was ich damals auf dem Rückflug nach München las, erstaunte mich und es erschütterte mich gleichermaßen. Es erstaunte mich, weil hier von einer so ganz anderen und so herrlich freien Kindheit erzählt wurde, und gleichzeitig erschütterte mich die Lektüre, weil mir klar wurde, wie wenig wir letztlich von den Bedürfnissen der Kinder wissen.

So begann unsere nun schon über zehnjährige Zusammenarbeit.

Im Jahr 2016 erschien das ebenfalls in mehreren Auflagen veröffentlichte Buch »Spielen, um zu fühlen, zu lernen und zu leben«, in dem sich André Stern mit der elementaren Bedeutung des Spielens für die Entwicklung des Kindes beschäftigt. Bereits in diesem Buch nahm die Begeisterung eine zentrale Rolle ein, denn das Spiel kann es ohne Begeisterung nicht geben.

In vielen der Gespräche, die André Stern auf Veranstaltungen und seinen unzähligen Vortragsreisen geführt hat, hörte er immer wieder von Betroffenen, wie unangemessene Erwartungen zu Versagensängsten und Selbstzweifeln führen, wie dabei die Begeisterung erstickt wird und damit verbunden auch die Fähigkeit zur Empathie. Wie Kreativität, Selbstwertgefühl und die Kraft, über sich hinauszuwachsen, kleingemacht oder ganz verhindert werden. Das Gefühl, das bleibt, ist: Man exponiert sich in der Begeisterung, und macht sich dadurch verletzbar.

Wenn Begeisterung hingegen auf einem Fundament des Vertrauens gedeihen kann, wird uns das ein Leben lang stärken.

Begeisterung ist auch ein Befreiungsakt, der uns in jedem Alter zusteht, nicht nur, weil wir in jedem Alter etwas lernen oder neu beginnen können, wenn wir nur wollen, sondern auch, weil wir es dürfen, selbst (oder gerade) dann, wenn es andere infrage stellen.

Begeisterung ist eine wunderbare Gabe, aber ihre Entfaltung braucht neben dem Vertrauen noch viel mehr. Wir alle haben als Kleinkinder erlebt, wie wir eine in der Proportion zu große Stufe erklimmen wollten, aber erst André Stern macht aus dieser scheinbar banalen Handlung etwas, das unsere Aufmerksamkeit weckt. Vielleicht sind die Sterns vor allem in dieser Hinsicht so besonders und einzigartig. Sie gestehen ihren Kindern nicht nur zu, dass sie staunen, ausprobieren und entdecken dürfen, sie schätzen dieses Staunen und Entdecken auch, sie geben ihm den größtmöglichen Resonanzraum, und sie werten und kommentieren nicht. In dieser Kombination des Sehens, Zeitgebens und Nichtbewertens entfalten sich Freude und Glück.

Ich erlebe die Überlegungen von André Stern als sehr bereichernd, vielleicht auch deshalb, weil ich in jungen Jahren selbst die Erfahrung gemacht habe, wie weitreichend gesellschaftliche Erwartungen das eigene Selbstbewusstsein berühren können. Hinzu kam in meiner Kindheit noch die ständige Abwertung von Mädchen, die nicht auf Bäume klettern sollten und die nicht pfeifen durften. Ich bin trotzdem gerne auf Bäume geklettert, aber wenn ein Mädchen das konnte und vielleicht sogar wollte, war es kein richtiges Mädchen mehr.

Meine Mutter musste bereits in der ersten Grundschulklasse in die Schule kommen, weil ich nicht handarbeiten wollte. Diese Rebellion war nicht vorgesehen. Als ich mit sechs Jahren pfeifend durch das Treppenhaus hüpfte, zitierte eine Nachbarin: »Mädchen, die pfeifen und Hähne, die krähen, soll man beizeiten den Hals umdrehen.« Das waren die Scherze, über die die anderen lachten.

In der Schule erstarb meine Begeisterung für so vieles, und ich konnte mir nicht vorstellen, dass das Leben nach der Schule jemals schrecklicher sein würde. Ähnlich wie Pauline Stern es beschreibt, bin auch ich mit meiner Familie häufig umgezogen, nur mit dem Unterschied, dass in Deutschland in jedem Bundesland ein anderes Schulsystem etabliert war. Ein Kind, das in der 3. Klasse neu hinzukam, war weder vorgesehen noch gewollt, es störte die Gemeinschaft. Als ich mein Abitur in der Hand hielt, begann meine Befreiung. Ich habe ein Studium gewählt, das mich erfüllte und einen Beruf, der mich nun schon seit vielen Jahren immer wieder aufs Neue überrascht und begeistert.

In diesem Buch führt André Stern seine Gedanken weiter, und falls Ihnen manche Überlegungen bekannt vorkommen sollten, so ist das gut und gewollt, denn diese Gedanken sind nie abgeschlossene »Produkte«, sondern immer im Fluss. Wie in der Musik greift André Stern immer wieder ein Thema auf, das er weiterverarbeitet oder abwandelt, das sich aber wie ein roter Faden durch seine Publikationen zieht und im Ergebnis zu einer ganz neuen und in jedem Fall bereichernden Komposition führt.

Elisabeth Sandmann
München, im Januar 2019

OUVERTÜRE

Antonin geht an meiner Seite. Seine kleine und doch schon so große Hand in der meinen. Bei jedem zweiten Schritt macht er einen kleinen Sprung, er atmet kürzer, ist aber nicht außer Atem. Ich spüre, dass er mich ein bisschen zieht; seine strahlenden Augen schauen in sein Inneres und nehmen doch gleichzeitig alles um ihn herum wahr. Kinder haben diese packende Eigenschaft, Fokus und Fluss zu vereinigen.

Wir haben den Vertrag für das vorliegende Buch unterzeichnet und sind auf dem Heimweg. Antonin hat mich begleitet und ist mit offenen Armen empfangen worden; seine Begeisterung hat die Anwesenden bezaubert. Es ist die Begeisterung aller freien Kinder.

Für Antonin ist es ein äußerst wichtiges Ereignis. Vor zwei Jahren, als wir auf dem Weg in den Park waren und an dem Gebäude vorbeigingen, das einem großen Schiff ähnlich sieht, hatte er ausgerufen: »Oh! Hier ist mein Verleger, hier werde ich meine Bücher herausbringen!«

Gibt ein Kind den Anstoß für ein Projekt, und nehmen wir es ernst, dann löst das, was ich die »Konspiration des Universums« zu nennen wage, einen Dominoeffekt aus, der dazu führt, dass das Projekt verwirklicht wird, auf die eine oder andere Art.

Daran erinnere ich mich und daran denke ich heute, während wir nebeneinander hergehen.

Ich sehe, wie er zittert. »Weißt du, mein Körper ist voller Dopamin wegen der Begeisterung, zum ersten Mal bei meinem zukünftigen Verleger gewesen zu sein, deshalb muss ich ein bisschen hüpfen, um Druck abzulassen.« Dass er sich damit auskennt, ist nicht erstaunlich, das Thema ist Teil unserer täglichen Unterhaltungen. Antonin ist siebeneinhalb Jahre alt, ein Kind wie jedes andere, mit dem Unterschied, dass niemand je seine Begeisterung mit dem schweren Deckel der Erwartungen der Erwachsenen zugedeckt hat.

Darüber will ich hier reden: keinen Deckel auf die Begeisterung zu legen, die uns zu allem befähigt, die uns von unseren Grenzen befreit, die uns erlaubt, eine Verbindung mit der in uns wohnenden Genialität herzustellen; über diesen natürlichen Zustand, der nicht die Frucht großer Anstrengung, sondern einfach da ist, von jeher und für immer. Und darüber, dass es genügt – für den Fall, dass der Deckel schon aufgelegt worden sein sollte – die Begeisterung von allem zu befreien, was sie behindert und zudeckt, um sie wieder zum Blühen zu bringen.

KAPITEL 1
DIE BEGEISTERUNG, DÜNGER FÜR DAS GEHIRN

Jahrzehntelang hat man geglaubt, Menschen kämen mit einem von ihren Genen programmierten Gehirn zur Welt.

Die Gene der einen verkabelten ihre Gehirne so, dass sie automatisch in die Kategorie der intelligenten Menschen eingereiht wurden, während die Gene der anderen sie zwangsläufig »dumm« bleiben ließen. Das war praktisch, pragmatisch, wohlgeordnet (dank der Symmetrie, die den Anhängern der Philosophie von Descartes so lieb ist), leicht nachzuvollziehen und zu akzeptieren, auch von den »Dummen«.

Dieser Glaube ließ eine gewisse Weltordnung entstehen, die heute noch fest in unserer Gesellschaft verankert ist. Die einen werden dumm geboren und werden es bleiben (die Epigenetik ist erst vor kurzem entdeckt worden, bis dahin bedeutete »genetisch« immer auch »endgültig«), die anderen sind von Geburt an intelligent – wie es schon ihre Eltern waren und wie ihre Kinder es sein werden, denn »genetisch« heißt auch »erblich«.

Dank der Epigenetik wissen wir, dass unser Werdegang nicht in den Stein unserer Atavismen gemeißelt ist. Was wir zu uns nehmen, wem wir begegnen, unser Umfeld, unsere Erfahrungen usw. haben Einfluss auf unsere Gene.

Am Ende des 20. Jahrhunderts wiesen britische Studien bei Jugendlichen eine plötzliche und spektakuläre Entwicklung jener Zone des Gehirns nach, die für die Bewegung des Daumens zuständig ist. Eine Entwicklung, die – ja, ja – einhergeht mit der exponentiell wachsenden

Bedeutung der SMS im Alltag der jungen Leute – denn der Daumen ist das am meisten eingesetzte Werkzeug beim Schreiben einer SMS. Diese Entdeckung räumte in aufsehenerregender Art auf mit dem Glauben an den genetischen Ursprung der Intelligenz und führte zu der etwas vorschnellen Schlussfolgerung, dass das Gehirn sich ähnlich einem Muskel entwickelt, d.h. entsprechend dem Gebrauch, den man von ihm macht.

Ebenso vorschnell wurden, gestützt auf diese Annahme, Programme zum Training des Gehirns propagiert. Sie scheiterten kläglich: Was so hervorragend funktionierte für das Schreiben von SMS, hatte nicht den geringsten Effekt, als man versuchte, das Gehirn von Kindern zu »boosten«, indem man sie im Kindergarten fünf Sprachen lernen ließ oder ihnen mit 18 Monaten das Lesen beizubringen versuchte, während sie lieber mit einem Löffel im Kakaopulver Bagger spielen wollten … Man musste von vorne beginnen.

Der deutsche Neurobiologe Gerald Hüther erklärt, dass ein gezieltes Training während mehrerer Stunden pro Tag keine Entwicklung größeren Ausmaßes hervorbringt. Treibender Faktor sei die Begeisterung, mit der Jugendliche untereinander über SMS kommunizieren. »Das Gehirn ist kein Muskel, den man beliebig zwingen und belehren kann, es braucht für die Weiterentwicklung die richtige emotionale Anregung.«[1]

Unser Gehirn entwickelt sich somit nach Gebrauch – unter der Bedingung allerdings, dass das, was wir tun, unsere Begeisterung weckt und schürt!

Dass die Begeisterung uns Flügel verleiht, uns erlaubt, alles zu lernen, alles zu werden, über all unsere Grenzen hinauszuwachsen, das wissen wir alle; neu ist, dass dieses Phänomen nun wissenschaftlich erklärt werden kann. In einem Artikel in der »Welt« vom April 2012 schrieb Gerald Hüther mit der ihm eigenen Klarheit, die ihn im deutschsprachigen Raum so beliebt gemacht hat:

»Das kennen wir alle: Wenn einem etwas wirklich wichtig ist, dann strengt man sich auch an, um es zu erreichen. Wenn es dann tatsächlich klappt, ist man hellauf begeistert. Und immer dann, wenn man sich so richtig für etwas begeistert, wenn es einem unter die Haut geht und man etwas besonders gut hinbekommen hat, wird im Mittelhirn eine Gruppe von Nervenzellen erregt.

Die schütten dann an den Enden ihrer langen Fortsätze einen Cocktail neuroplastischer Botenstoffe aus. Zum Leidwesen aller tapferen Pflichterfüller passiert das nie im Routinebetrieb des Gehirns, wenn man all das abarbeitet, was anliegt, sondern nur in diesem wunderbaren Zustand der Begeisterung. Die bekanntesten dieser neuroplastischen Botenstoffe heißen Adrenalin, Noradrenalin und Dopamin, auch Peptide wie Endorphine und Enkephaline gehören dazu.

Sie alle lösen auf die eine oder andere Weise in nachgeschalteten Nervenzellen eine rezeptorvermittelte Signaltransduktionskaskade aus. All jene neuronalen Netzwerke werden ausgebaut und verstärkt, die im Hirn aktiviert worden waren, um genau das zustande zu bringen, was der betreffenden Person ganz besonders am Herzen lag.«[2]

An anderer Stelle fasst Gerald Hüther es so zusammen: Die Begeisterung ist Dünger für das Gehirn.

Das ist eine frohe Botschaft, sind wir doch ausnahmslos alle mit diesem Dünger für das Gehirn auf die Welt gekommen, den wir überall hin mitnehmen können! Die Begeisterung, wie andere Geisteszustände, ist einfach da, von Anfang an.

Kleinen Kindern zuzuschauen, wie sie spielen (also wie sie die Welt erkunden), zeigt diesen grundlegenden, angeborenen und spontanen Aspekt der Begeisterung perfekt auf. Ein Kleinkind empfindet alle zwei bis drei Minuten einen Begeisterungssturm. Der erste ist noch nicht vorbei, da beginnt schon der nächste.

Dieses Phänomen ist leicht zu erklären: Es wurzelt in der ergreifenden geistigen Offenheit, die ebenfalls zu unserer »Grundausstattung« gehört. Ein Kleinkind entdeckt die Welt ohne den Hauch eines Urteils und frei von jeglicher Diskriminierung. Es geht auf andere Lebewesen (Menschen, aber nicht nur) mit offenen Armen und offenem Herzen zu, ohne sich um ihre Hautfarbe, ihre Religion, ihre Größe, ihr Geschlecht oder ihr Alter zu kümmern. Frei von allen »Ismen« dieser Welt (Rassismus, Sexismus, Speziesismus, Altersdiskriminierung), braucht es nicht zur Toleranz erzogen zu werden, denn es kennt die Intoleranz nicht… (Stellen Sie sich vor, wie anders unsere Welt wäre, wenn wir uns nicht zu weit von dieser angeborenen Anlage wegbewegen würden!).

Ein Kleinkind hat am Anfang keinen Grund, sich unsere Auffassung von den Geschlechtern zu eigen zu machen…
Mädchen? Junge? Es hat noch nicht gelernt, zu differenzieren, einzuteilen, zu klassifizieren, zu kategorisieren. Ein Kleinkind denkt, dass es so viele Genders gibt wie Menschen.

Saskia hat sehr helle Haut. Sie lebt in Holland mit ihrer Mutter, ihrem Vater und ihrem größeren Bruder. Gerade schaut sie sich begeistert im Internet eine Fotografie an. Auf dem Bild sieht man eine junge afrikanische Mutter mit tiefschwarzer Haut, die mit beiden Armen ihre kleine Tochter über ihren nach hinten geworfenen Kopf hält – und die Kleine lacht aus vollem Hals. Beide tragen bunte Kleider und sind so fröhlich und einander so verbunden, dass Saskia nicht aufhören kann, sie zu betrachten. Sie dreht sich zu ihrer Mutter um und sagt: »Ist das vielleicht ein Foto von dir und mir?« Neugierig fragt ihre Mutter sie: »Siehst du keinen Unterschied zwischen ihnen und uns?« »Doch«, antwortet Saskia, »doch Mama, ihre Kleider sind viel hübscher als unsere.«

Dank dieser Weltoffenheit gibt es für das Kind weder Hierarchien der Berufe noch der Fachgebiete. Es hat keinen Grund, sich für den Beruf des Müllmanns weniger zu begeistern als für denjenigen des Astronauten; in seinen Augen haben Stricken und Mathematik denselben Stellenwert, Lesen lernen und Tanzen sind auf der gleichen Stufe. Darum begeistert es sich für alles, was ihm begegnet, seien es Personen oder das was sie tun, oder sonst etwas, was es zu verstehen oder zu entdecken gibt.

Jeder dieser kleinen Begeisterungsstürme löst wiederum das vom Hirn selbst generierte »Doping« aus, das wir schon beschrieben haben. Alle Substanzen, die das Kleinkind braucht, damit die neuronalen Netzwerke ausgebaut und verstärkt werden, entstehen direkt im Gehirn, alle zwei bis drei Minuten, von morgens bis abends.

Welch eine außergewöhnliche Ausstattung, um ein Leben zu beginnen! Die Begeisterung beschränkt sich natürlich nicht nur auf den Beginn des Lebens – oder sollte es zumindest nicht tun. Es gibt keinen Grund, weshalb sie sich erschöpfen sollte. Sie wirkt unabhängig von unserem Alter. Ich zitiere gern das Sprichwort: »Was Hänschen nicht lernt, lernt Hans nimmermehr«, um zu unterstreichen, wir grundfalsch dieses ist, wie klar die Praxis ihm widerspricht. Eines meiner Lieblingszitate von Gerald Hüther ist folgendes: »Ein 85-Jähriger kann in einem halben Jahr chinesisch lernen … vorausgesetzt, er begeistert sich dafür

… zum Beispiel, weil er sich in eine junge, 75-jährige Chinesin verliebt hat.«[3] Wenn wir also chinesisch nicht lernen, ob mit fünfundachtzig oder mit fünfzehn, dann nicht, weil unser Hirn es nicht zulässt, sondern schlicht deshalb, weil es uns nicht begeistert.

Genau darum machen wir so große und schnelle Fortschritte in allem, was wir mit Begeisterung angehen.

Begeisterung löst Emotionen aus. Sie versetzt uns in einen Zustand, in dem die emotionalen Zentren aktiv sind. Und sind sie aktiv, so eignen wir uns die Informationen für immer an.

Werden die emotionalen Zentren nicht aktiviert, hat die Information keine Chance, sich in unserem Gehirn zu verankern. Zum einen Ohr rein, zum anderen wieder raus, beinahe sofort. Dies ist die Erklärung dafür, weshalb wir in einer Welt leben, in der es als normal angesehen wird, achtzig Prozent des Gelernten wieder zu vergessen! Hand aufs Herz: ist es nicht so, dass die zwanzig Prozent, die Sie nicht vergessen haben, mit Emotionen verbunden sind? Gefühle, die das Thema auslöste – weil dieses Sie betroffen, berührt oder überrascht hat. Gefühle, die entstanden, weil die neuen Informationen mit einem Thema verbunden waren, das Sie betraf. Gefühle, die mit der Bedeutung, der Bindung an die Person zu tun hatte, die die Informationen vermittelte. Oder womit auch immer unter den vielen Möglichkeiten, durch welche die emotionalen Zentren aktiviert werden.

Den richtigen Moment, um etwas zu lernen, gibt es nicht; alles hängt davon ab, ob die emotionalen Zentren aktiviert werden oder nicht. Wenn wir aufhören würden, uns in die eigenen Rhythmen und Abläufe der Kinder einzumischen, könnten unsere Kinder, als wäre es das Natürlichste von der Welt, von einer Emotion zur anderen, von einer Begeisterung zur nächsten gehen und so unendlich in dem Zustand bleiben, der uns erlaubt, alles dauerhaft zu lernen.

Begeisterung kann man nicht künstlich auslösen. Das synthetische Oxytocin wirkt nicht wie das Oxytocin, das unser Körper produziert, eine Spritze mit einem Cocktail der erwähnten Neurotransmitter würde nicht zu einem Aufblühen der Begeisterung führen. Es ist die Begeisterung, die zur Ausschüttung von Hormonen führt, nicht umgekehrt. Es nützt nichts, jemanden zu schütteln und ihn aufzufordern: »Mach schon, begeistere dich, das wird dir gut tun!« So läuft es nicht. Begeisterung kann auch nicht angeregt werden, indem man versucht, einer Person bestehende Umstände als begeisternd zu »verkaufen«, wenn sie es in ihren Augen nicht sind – wie man es so oft bei Erwachsenen sieht, wenn sie ihre unglücklichen Kinder bei dem, was sie tun, unterbrechen, um ihre eigenen Projekte umzusetzen (z.B. den Spielplatz zu verlassen, wo das Kind so schön spielt, um einkaufen zu gehen).

Eine der wichtigsten Eigenschaften der Begeisterung ist, dass sie ansteckend ist. Nur unsere Begeisterung – so sie denn echt ist – kann die Begeisterung in anderen Menschen wecken. Die sich dann aber nicht unbedingt für die gleichen Dinge begeistern werden wie wir.

Ich bin schon immer Gitarrist; der Gitarre galt mit Sicherheit meine erste große Begeisterung, die ich zum ersten Mal im Alter von drei Jahren verspürt habe. Die Klänge der Gitarre und die undeutlichen Stimmen des Lehrers und seines Schülers, die aus der Galerie unter uns zu hören waren, wenn ich mein Ohr auf den Fußboden presste, sind heute noch wie eingraviert. Ein paar Jahre später nahmen mich meine Eltern eines Abends mit ins Konzert. Ein Klaviervirtuose spielte mit einer solchen Begeisterung, dass auch meine Begeisterung sofort aufflammte. Ich wollte nur noch eines: nach Hause gehen, nicht um Klavier, sondern um Gitarre zu spielen – mein Instrument – mit der gleichen Begeisterung, die der Pianist an den Tag gelegt hatte.

Vor einigen Jahren bedurfte es einiger Anstrengung, um die Epigenetik zu verstehen, die ganz neu war in der Welt der Wissenschaft. Sie in einigen Worten zusammenzufassen, war eine zusätzliche Schwierigkeit. Eines Tages fand ich ein dreiminütiges Video; nicht nur gelang es da jemandem, sie mit großer Eleganz zu erklären, er benutze auch Metaphern, die mithalfen, sie zu verstehen, sie zu spüren und sie nicht mehr zu vergessen. Dieser Herr mit seinem neugierigen und spielerischen Geist war Joël de Rosnay. Ich habe sofort begriffen, dass es sich um einen Enthusiasten handelt, ob er sich der Wissenschaft widmet, der Schriftstellerei oder dem Surfbrett.

»Begeisterung, die innere Kraft« von Joël de Rosnay

»Enthusiasmus« ist abgeleitet von »en theos«, zu Deutsch »Innerer Gott«. Es gibt Redner, die dank ihrer kommunikativen Begeisterung den Eindruck hinterlassen, etwas oder jemanden in sich zu haben, das oder der über sie hinausragt.

Die Begeisterung ist auch mit einem Glücksgefühl verbunden, besonders damit, den anderen sein Glück mitzuteilen. Das Glück der Erkenntnis, des geteilten Wissens, die Freude, ein komplexes System verstanden zu haben oder eine wunderbare Landschaft zu beschreiben, von einer Leidenschaft zu reden, von Sport, Musik oder Kochen.

Wer mit Begeisterung kommuniziert, hat größere Chancen, dass jene aufmerksam zuhören, die bereit sind, motiviert zu werden, vor allem um Neues zu lernen, handle es sich nun um Wissenschaft, Philosophie, Musik oder Sport.

Ich lebe mit der andauernden Begeisterung, kommunizieren zu können, angehört zu werden und Menschen zu helfen, ihrem Leben einen Sinn zu geben.

KAPITEL 2

EIN NEUES VERSTÄNDNIS DER BEGEISTERUNG

Um Begeisterung zu veranschaulichen, wählt man gewöhnlich das Bild einer Person, die aus vollem Halse lacht. Ich erinnere zum Beispiel an eine Gruppe, die beschlossen hattn, bunte T-Shirts zu tragen, um »begeistert« zu wirken.

»Begeisterung« ist jedoch kein Synonym für »Freude« oder »Lachen«. Oft führt unsere Begeisterung zu erheblichen Anstrengungen. Das konzentrierte Gesicht eines begeisterten Kindes unterscheidet sich vollkommen von seinem Gesicht, wenn es Freude zeigt.

Der dreijährige Antonin schaut zu, wie der Rasen gemäht wird. Wenig später, als der Rasenmäher auf seinem Platz unter dem Vordach steht, äußert er mit seinem ganzen Körper den Wunsch, diese Maschine selbst zu führen. Ich starte also den Motor, verstehe aber gleich, dass er will, dass die Maschine rollt, also lasse ich ihn die riesige Lenkstange mit mir halten, während sich der Mäher in Bewegung setzt.

Man stelle sich die Proportionen vor: Wenn Sie sich als Erwachsener mit einer entsprechend großen Maschine messen wollten, hätte diese die Ausmaße eines Automobils. Sie hätte auch dessen unwiderstehliche Kraft. Um die Lenkstange zu halten, müssten Sie sich mit hochgehaltenen Armen kräftig strecken. Der Motor würde sie von Kopf bis Fuß durchschütteln und der Lärm käme ihnen ohrenbetäubend vor.

Antonin würde um nichts in der Welt die Stange loslassen, die er so sehr halten wollte. Obwohl sie sich mit niedrigster Geschwindigkeit bewegt, zwingt ihn die Maschine, sehr schnell zu laufen, fast zu rennen. Er ist vollkommen konzentriert und ernst.

Kurz darauf, vertraut mit dem Verhalten der Maschine, will er die Stange allein halten und schiebt meine Hände weg. Er will schon, dass ich nah bei ihm bleibe, aber die Lenkstange will er alleine halten. Er geht entschlossen auf den Rasen zu. Ich beobachte sein enttäuschtes und erstauntes Gesicht, als er entdeckt, dass der Rasenmäher nichts mäht, weil ich die Messer nicht eingeschaltet habe. Er ist aber so entschlossen und überzeugend, dass ich diese doch in Gang setze. Der Lärm verändert sich, die Maschine schüttelt ihn noch mehr durch, die Luft wirbelt um uns herum, ich bleibe auf der Hut, ebenso konzentriert wie mein Sohn. Wir fahren vorsichtig und mähen sehr aufmerksam.

Nach 20 Minuten stellt mein mutiger und vertrauensvoller Sohn selbst fest, dass er am Ende seiner Kräfte ist. Wir stellen den Rasenmäher am Wegrand ab. Ich werde ihn später versorgen. Es beruhigt Antonin, dass ich diese Aufgabe übernehme.

Ich stelle die Anstrengung, die er auf sich genommen hat, dem Einwand gegenüber, den man so oft hört – eine Art klassisches Gespenst unserer Welt: »Im Leben kann man nicht immer seiner Begeisterung folgen, es gibt auf der Welt nicht nur die angenehmen Dinge, ab und zu muss man sich anstrengen, sich ein bisschen Mühe geben, auf die Begeisterung verzichten ... und manchmal verspürt man Genugtuung, wenn man gezwungen worden ist, gewisse Dinge zu tun.«

Nehmen wir diesen Satz, holen ihn aus seinem Kontext heraus und stellen ihn in einen anderen. Stellen wir uns vor, ein lüsterner Produzent sagt ihn zu einer jungen Schauspielerin ... und schon findet er weniger Zustimmung, nicht wahr? Wenn dieser Satz in diesem neuen Kontext nicht funktioniert, dann deshalb, weil er nie funktioniert – in keinem Kontext.

Antonin ist gerade deutlich über seine Grenzen hinausgewachsen. Wenn er von allem abgesehen hat, was ihn hätte hindern können (sich nach dem Lenker strecken, Zugkraft, Vibration, Schnelligkeit, Lärm), wenn er nicht gespürt hat, welch beachtliche Anstrengung diese Aufgabe von ihm verlangt hat, so nicht deshalb, weil er sich anstrengen wollte, sondern weil er begeistert war! Und weil er diese Aufgabe selbst gewählt hat.

Stellen Sie sich vor, es wäre anders gelaufen, er wäre gerade von etwas anderem begeistert gewesen und ich hätte ihn dabei abrupt unterbrochen und ihm gesagt: »Mein Sohn, im Leben kann man nicht immer seiner Begeisterung folgen, es gibt Momente, da muss man sich abmühen, sich ein bisschen zwingen… also, damit du lernst, dich anzustrengen, hast du nun die Aufgabe, zwanzig Minuten lang diesen Rasenmäher zu schieben.«

Er hätte nur gelitten. Zu hoch, zu mächtig, zu schnell wäre die Maschine gewesen. Das ist der brutale Unterschied zwischen einer Aufgabe, die man aus Begeisterung wählt und einer Aufgabe, die einem aufgezwungen wird.

Wir stellen uns die Begeisterung gewöhnlich wie ein geräuschvoll sprühendes Feuerwerk vor. Ich beobachte oft Ausbrüche von Freude bei unseren Söhnen, ich sehe sie schreien und lachen, während sie herumrennen. Ihre Freude ist Ausdruck ihrer Begeisterung, aber die Begeisterung selbst muss weder laut noch spektakulär sein.

Heute Morgen saß der anderthalbjährige Benjamin auf meinen Schoß und sah mir zu, wie ich auf unserer gläsernen Zitronenpresse eine halbe Zitrone auspresste. Dabei habe ich mich daran erinnert, wie sehr ich diesen Gegenstand als Kind schätzte. Seine perfekt angepasste Form, die Kerben für den Abfluss des Safts, die Kerne und Fruchtfleisch zurückhaltenden Zäpfchen, all das gefiel mir sehr (während die elektrische Presse mir ein bisschen Angst machte).

Als die Zitrone heute ausgepresst war, habe ich den Saft in mein Glas gegossen und die Zitronenpresse ein bisschen weggeschoben. Benjamin hat mit dieser besonderen Art, die ganze Energie in die Richtung eines Gegenstands zu lenken, jenseits der Worte unmissverständlich zu erkennen gegeben, dass er sowohl die Zitronenpresse als auch die ausgedrückte halbe Zitrone haben wollte. Ich habe sie zu ihm hingeschoben. Er hat die Zitrone in die Hand genommen, sie richtig auf die Presse gelegt und mit seiner kleinen Hand zwei halbrunde Bewegungen gemacht – wenn auch ohne Druck –, um mich getreulich nachzuahmen. Dann hat er die Zitrone abgehoben und die Zitronenpresse zu meinem Glas geschoben, damit ich den imaginären Saft hineingieße. Er hat dieses Spiel etwa zwanzigmal wiederholt, denn eines der wichtigsten Charakteristika jeder Begeisterung, jedes

Spiels oder des durch sie vollziehenden sakrosankten Lernprozesses ist die Wiederholung.

Das Schweigen bei diesem alltäglichen Spiel zeigt, wie diskret Begeisterung sein kann. Wir sind dazu berufen, ihr ebenso diskret den nötigen Raum zu geben. Die lauten und künstlichen Manifestationen gewisser Erwachsener angesichts von »Erfolgen« und »Heldentaten« ihrer Kinder sind die schlimmsten Killer der natürlichen Begeisterungsfähigkeit.

Stellen Sie sich vor, Sie hätten mit großer Begeisterung gerade eine Zitrone ausgedrückt, und ihre Arbeitskolleginnen und -kollegen würden theatralisch, von einem Bein auf das andere hüpfend, ausrufen: »Oh, wie wunderbar! Wie geschickt! Du bist ein wahrer Meister! Du bist der Beste!«

Ich denke, Sie wären sofort blockiert. Sie könnten höchstens Lust bekommen, sich ihnen anzuschließen, um mit ihnen das Gestikulieren zu teilen.

Begeisterung weiß, unauffällig zu sein.

Satish Kumar ist Inder, Wanderer, Autor und Redakteur, war Jain-Mönch, Aktivist der nuklearen Abrüstung und Pazifist. In diesem Zusammenhang unternahm er 1962 zu Fuß und ohne Geld einen Marsch von achttausend Kilometern, der ihn in die Hauptstädte von vier Ländern führte, die im Besitz von Atomwaffen waren: Moskau, Paris, London und Washington. Heute lebt er in England und ist Chefredakteur des Magazins »Resurgence & Ecologist«. Ich hatte das Glück, ihm bei einem Kongress zu begegnen: seine Persönlichkeit und seine Aussagen haben mir von Anfang an großen Eindruck gemacht. Unsere Themen schienen verschieden, aber sie führten zum gleichen Ziel.

»Sich begeistern heißt, in die göttliche Energie einzutauchen« von Satish Kumar

Im Herzen des Wortes »Enthusiasmus« bezeugt die Wurzel »theos« die höhere Eingebung, die die begeisterte Person bewegt, tief in ihrem Innern. Wenn wir beschließen, uns für etwas einzusetzen, etwas begeistert zu unternehmen, kommen uns Gott, das Universum und der Kosmos zu Hilfe und befähigen uns, Großes zu vollbringen.

Stellen wir uns zum Beispiel vor, wir steckten einen Samen mit Liebe und Enthusiasmus in die Erde: die Sonne, der Regen, die Erde, die Regenwürmer und alle möglichen weiteren Kräfte vereinigen sich, um diesen Samen wachsen und zum Baum werden zu lassen. Stecken wir den Samen aber ohne Begeisterung in die Erde, wird sich nichts entfalten.

KAPITEL 3
DER JAHRMARKT

Antonin ist so traurig, dass er gehen muss ... Er kannte jede Ecke dieses Alltags, dieses glänzenden Jahrmarkts, auf dem wir drei Tage verbracht haben, er kannte jeden Weg, um von einer Attraktion zur anderen zu gelangen, er kannte jeden ihrer Werbesprüche, jede Schriftart, jede Eigenschaft. Jede Leuchtschrift war ihm vertraut, von jeder Bude, von jedem Wagen, er kannte das Verhalten jedes Autos vom Autoscooter.

Die letzte Runde auf dem Karussell, gestern Abend, die letzte Attraktion, die er noch nicht ausprobiert hatte... dann die sieben Jetons für die Rundstrecke »Monza«, um in jedem Wagen drei Runden zu drehen, systematisch, vom ersten bis zum letzten, in der märchenhaften Neonbeleuchtung mitten in der Nacht... Und nichts davon wird wiederkommen, weil wir abgereist sind, und er vergießt heiße Tränen für diese Welt, in die er tief eingetaucht war und die ihn empfangen hatte.

Niemand kann der Begeisterung eines freien Kindes widerstehen, weil diese Begeisterung sich nicht nur auf das bezieht, was das Kind erlebt, sondern auch auf die Personen, die diese Dinge »tun«. Antonins Begeisterung für den Schießstand belustigt den Eigentümer, und die Bewunderung, die Antonin für diesen Mann zeigt, geht ihm zu Herzen. In den Augen des Kindes ist er nicht mehr einer, der »seine Arbeit macht«, sondern wird zu einer wichtigen Figur, der Held einer Beziehung, einer Geschichte. Er fühlt sich geliebt für das, was er ist, ohne beurteilt oder mit anderen Menschen, anderen Berufen oder anderen Einkommen verglichen zu werden. Er findet die eigene Begeisterung wieder, wie ein Echo.

Also hilft er Antonin, bringt ihm das Zielen bei, zeigt ihm kleine

Tricks. Er zählt die Kugeln nicht mehr, er gibt Antonin so viele, dass er immer mit dem von ihm gewünschten Gewinn wieder gehen kann.

Wir bezahlen nicht mehr alle Jetons für die Raupenbahn. Die Dame an der Kasse gibt ihm eine Handvoll, obwohl er nur für einen bezahlt hat. Sie hat genau beobachtet, wie Antonin zu Beginn ein bisschen gezögert hat angesichts der Wagen der Raupenbahn, dann aber beschlossen hat, klopfenden Herzens die Furcht vor der großen Talfahrt zu überwinden. Es handelt sich um eine Raupenbahn für Kinder, von außen leider ziemlich hässlich anzusehen, aber er nimmt sie ernst und nach einigen Runden fühlt er sich wohl. Die große Talfahrt jagt ihm keine Angst mehr ein, ganz im Gegenteil! Er lacht und hebt die Arme, er kennt die Kurven, das Rattern der kleinen Räder auf den Schienen, die Musik und die Ansagen. Er dreht immer drei Runden, bevor er anderswo hingeht, dann kommt er zurück für weitere drei Runden.

Pauline probt *Medea* von Seneca im Stadttheater, gleich nebenan. Diese Nähe ist praktisch, so kann Pauline Benjamin während der Pausen stillen. Ich kümmere mich um unsere beiden Söhne, aber Antonin kommen die Vormittage zu lang vor; er wartet ungeduldig, dass es zwei Uhr nachmittags wird und die Attraktionen des Jahrmarkts öffnen, eine nach der anderen.

Wir sind immer die ersten Kunden des Tages. Um diese Zeit gibt es an Wochentagen kaum Kinder. Antonin ist meist allein auf der Raupenbahn, aber ich beobachte, dass er bei jeder Runde den Wagen wechselt, obwohl er den Sitz im ersten Wagen bevorzugt, wie ich weiß. Neugierig frage ich, ob er einen besonderen Grund hat, jedes Mal den Wagen zu wechseln. »Ja«, antwortet er, »ich teile den besten Platz mit den anderen, sie wollen auch einmal zuvorderst sein!« Der Altruismus – eine weitere universelle Anlage – ist für ein Kind, das respektiert wird, so natürlich, dass es dieses Prinzip auch anwendet, wenn niemand zugegen ist.

Mehrmals sind wir an dem riesigen Stand des Glaslabyrinths vorbeigegangen. Vorsichtig zwischen den durchsichtigen Wänden hindurch zu schleichen, den richtigen Weg zu finden, nicht anzustoßen, diesen klaustrophobischen Parcours zu absolvieren, hat mich nie gereizt, Antonin jedoch gibt sofort zu verstehen, dass er es ausprobieren will. Ich brauche ein bisschen Zeit, um mich an die Idee zu gewöhnen, und Antonin kann mit meinem Zögern umgehen. Er ist damit einverstanden, dass wir weitergehen und andere Attraktionen aufsuchen. Er lässt jedoch nicht locker, kommt immer wieder zurück, voller Überzeugung und Geduld. »Gehn wir jetzt?«

Und schon überquert er die schwankenden Platten über dem Fluss, der zum Eingang des Labyrinths auf dem anderen Ufer führt. Wir beide, Antonin und ich, dachten, dort befinde sich nur das Labyrinth, doch nun entdecken wir, dass da viel mehr ist, gleich mehrere Stockwerke darüber. Ernst, konzentriert, abenteuerlustig geht er voran. Dieses Labyrinth wird auf spektakuläre Weise die Wirkung der Begeisterung veranschaulichen. Antonin lässt sich im Labyrinth Zeit. Er kehrt mehrmals um, verliert dabei aber nicht die Geduld. Dann tut er sich mit drei Kindern zusammen, die inzwischen eingetroffen sind, weil er instinktiv spürt, dass sie gemeinsam stärker sind. Ich beobachte die Szene von draußen, während Benjamin in meinen Armen einschläft. Als Antonin und seine Kameraden den Ausgang aus dem Labyrinth gefunden haben, rennen die anderen die Treppe hoch und verschwinden. Antonin erforscht das Unbekannte vorsichtig. Es sind Platten zu überwinden, die vibrieren, Tunnel, durch die der Wind weht, Wände aus Rauch, man muss auf einem Seil gehen, das ziemlich hoch oben gespannt ist. Selbstverständlich handelt es sich eher um eine Art gesicherte Brücke als um ein Seil. Auf beiden Seiten hat es Netze, aber auch wenn man nicht hinunterfallen kann, braucht es Mut, denn der Instinkt lässt uns solchen Gefahren aus dem Weg gehen. »Mir war ein bisschen schwindlig«, wird Antonin später erzählen, »aber ich habe gesehen, dass die anderen es geschafft haben.«

Noch sind zwei Etappen zurückzulegen, er ist schon im dritten Stock. Die erste besteht aus einem Übergang mit einem Boden aus kleinen Rollen. Antonin macht zwei Schritte, rutscht aus und stolpert, fällt beinahe hin, gewinnt im letzten Augenblick das Gleichgewicht wieder, kehrt um und hält sich an der Rampe fest. Er verschnauft auf der Plattform davor und prüft die Lage. Angst hat er nicht wirklich, er will bloß verstehen. Ich sehe, wie er nachdenkt. Ich sehe, wie eine heitere Begeisterung ihn vorwärts treibt. Er wartet noch eine Weile, um einen Erwachsenen zu beobachten, der zögert, einen Schritt macht, zurückkommt. Dann werden beide von einem »eingeweihten« Kind überholt, das vor den Rollen Anlauf nimmt, um das Hindernis aufrecht zu überwinden, die Füße flach am Boden, in einem Zug. Antonin folgt ihm und hüpft vor Freude, als er auf der anderen Seite ist; er schaut nach unten, um sich zu vergewissern, dass ich ihn gesehen habe, er schreit, er lacht, und dann rennt er zur letzten Prüfung, eine Art Tunnel, der sich um sich selbst dreht und einen fürchterlichen Lärm macht, und der auf einer schwankenden Planke zu überqueren ist. Antonin setzt einen Fuß darauf, zieht ihn sofort zurück. Wieder zögert er und beobachtet. Diesmal erscheint ihm das Hindernis als unüberwindbar. Ich sehe, wie er hüpft und umkehrt. Von oben wirft er mir einen Blick zu. Ich rufe ihm zu: »Ich glaube, du brauchst keine Angst zu haben, geh ruhig, dafür ist es da!«

Hier zeigt sich die Wirkung des Vertrauens. Er vertraut mir, er weiß, dass ich ihn niemals auffordern würde, etwas Gefährliches zu tun. Er fühlt sich sicher und beruhigt, und das setzt seinen Mut frei, diese angeborene Kraft, die bewirkt, dass die Begeisterung uns unsere Grenzen überwinden lässt. Und schon ist er auf der anderen Seite, außer sich vor Freude, mit etwas Muskelkater, verwandelt. Er donnert die Treppe herunter, nimmt mehrere Stufen auf einmal. »Hast du gesehen, hast du gesehen, Papa?!« ruft er, als er rennend auf mich kommt. Er wirkt jetzt größer, verändert, er badet in Hormonen und Freude.

Es nützt nichts zu motivieren, zu zwingen, zu drohen, zu befehlen. Es ist die Begeisterung, die die herkulische und nachhaltige Selbstüberwindung auslöst.

KAPITEL 4
MADAME PERROUX

Madame Perroux ist eines schönen Tages in unser Leben getreten. Wir gingen ins Dorf, kamen gerade an der Ecke des ersten Hauses vorbei. Antonin strampelte von unserem Hof auf seinem Gokart, schon ungefähr seit einem Kilometer. Ich folgte ihm zu Fuß, wie immer, das ist unser Ritual.

Madame Perroux hatte eben erst einen kleinen Laden eröffnet – das war in diesem Weiler, der aus wenigen Häusern bestand, ganz unerwartet. Sie hatte alles Mögliche in ihrem Sortiment, auch Tierfutter. Kroketten für Hunde und Katzen. Da sie auch biologisches und selbst veganes Futter anbot – was in dieser Region noch erstaunlicher war –, hat Antonin angehalten und einen Sack davon gekauft, um herauszufinden, ob es unserem Félix schmecken würde.

Das Futter hat ihm so sehr gefallen, dass wir schon am nächsten Tag wiederkamen, um noch mehr davon zu kaufen. Madame Perroux bot die Nahrung in Säcken von fünf Kilogramm an. Antonin lud zwei Säcke auf seinen Gokart; das war eine große Anstrengung.

Madame Perroux hat sofort Freundschaft mit ihm geschlossen, und er mit ihr. Auch wenn wir nichts brauchen, kommt sie gewöhnlich aus dem Laden, um Antonin zu begrüßen, wenn wir vorbeigehen. Und er sagt jedes Mal: »Bonjour Madame Perroux!« Inzwischen kennt sie uns ziemlich gut; Antonin teilt ihr jeweils rasch die letzten Neuigkeiten aus unserer Familie mit. Als Antonin kürzlich zum ersten Mal mit seinem neuen roten Fahrrad bei ihr vorbeifuhr, hat sie sofort ausgerufen: »Oh, du hast ein neues Rad, und es hat sogar Gänge!« Ihre Aufmerksamkeit galt genau dem, was für ihn wichtig war.

Madame Perroux ist überhaupt sehr freundlich und hilfsbereit. Sie liebt ihren Laden, man trifft sie auch außerhalb der Öffnungszeiten dort an. Nie hat sie uns enttäuscht und immer hat sie genau das gehabt, war wir gerade brauchten. Einer ihrer Grundsätze ist, die Kundschaft nie warten zu lassen. Kaum betritt man den Laden und sagt ihr, was man gerne hätte, trippelt sie davon und kommt sogleich zurück mit dem, was man wollte. Ich glaube, dass sie uns besonders gerne hat. Sind wir bei ihr, haben wir den Eindruck, sie sei nur für uns da.

Inzwischen sage ich jedes Mal »Bonjour Madame Perroux«, wenn ich an ihrem Laden vorbeifahre, auch wenn ich allein im Auto sitze und sie mich nicht hören kann, wenn die Fenster geschlossen sind.

Für unsere Familie ist sie rasch zu einem Fixpunkt geworden. Ruft Pauline mich zum Beispiel an, um zu wissen, ob ich noch weit weg bin, antworte ich ihr gern »Ich bin gerade bei Madame Perroux vorbeigefahren«, und Pauline weiß sofort, wo ich bin. War Antonin lange draußen mit seinem neuen Rad mit den fünf Gängen und fragen wir ihn, »Bis wohin bist du heute gefahren?«, antwortet er, »bis zu Madame Perroux.«

Es kommt vor, dass Antonin beschließt, einen großen Sack Kroketten kaufen zu gehen, obwohl sie noch nicht ausgegangen sind. Er fährt davon, mit seinem Gokart oder mit seinem Fahrrad, und ich begleite ihn. Mir ist klar, dass es für Antonin nur darum geht, Madame Perroux besuchen zu gehen.

Zwei Jahre lang hat Madame Perroux ihrem Laden den letzten Schliff gegeben. Kürzlich hat sie beschlossen, einen großen Schritt zu wagen: Sie bietet nun auch Essen an. Gerichte, die man (ab 12 Uhr, wie Antonin rasch gemerkt hat) entweder dort verzehren oder mitnehmen kann. Antonin hat sich darüber sehr gefreut – Madame Perroux hat ihm nämlich gesagt, eines Tages werde er ihr in der Küche helfen. Vorläufig hat sie noch einen Angestellten, den sie »Chef« nennt.

Nähern wir uns dem Laden, sagt Antonin oft: »Kaufen wir bei Madame Perroux etwas zum Essen?« Ich bin jedes Mal einverstanden und habe immer ein Zahlungsmittel dabei. Für Antonin hat Madame Perroux eine sehr erfinderische Kundenkarte kreiert, welche die Vorteile der Kundentreue mit einer Art Prepaid-Gutschein verbindet.

Man muss sie nur von Zeit zu Zeit wieder aufladen. So sind wir nie unvorbereitet.

Antonin pflegt dann vor dem Laden anzuhalten, sich mit einem Fuß auf den Boden zu stützen und auf der Schiefertafel die Einzelheiten der Speisekarte des Tages zu lesen. Die »normale« Karte kennt er auswendig. Er dreht sich nach mir um und will wissen, was ich nehme. Das ist meist ein Curry. Antonin wählt gern den Tagesteller. Oft nimmt er den Spinatrisotto noch dazu. Wir geben unsere Bestellung immer auf dem Hinweg auf, damit wir das Essen auf dem Rückweg frisch, heiß und duftend mitnehmen können. Antonin zählt auf, was wir nehmen, und Madame Perroux empfiehlt uns oft das eine oder andere oder fügt noch etwas Persönliches hinzu. Während wir weitergehen, hören wir, wie sie Richtung Küche ruft: »Chef! Einen Curry, einen Tagesteller und einen Risotto zum Mitnehmen!«

Madame Perroux hat eine Stimme oder besser ein Timbre, das ich sofort wiedererkenne. Es amüsiert mich, wie sehr ihr Ton, wenn sie die Bestellungen aufgibt, demjenigen von Ferhad ähnelt, unserem Freund mit der Pizzeria in Paris, wenn er seinem Pizzaiolo die Bestellungen zuruft.

Schließe ich die Augen, sehe ich Madame Perroux mit ihrem Kopftuch und den immer gleichen Kleidern vor mir. Wenn wir von ihr reden, »sehen« wir sie gemeinsam, wie wir auch all unsere Freunde »sehen«, die nicht bei uns sind. Ich würde gern wissen, welche Einzelheiten ihrer Erscheinung Antonin sieht, wenn er sie sich vorstellt. Denn Madame Perroux ist seiner Fantasie entsprungen. Er hat ihr nach und nach einen Körper, eine Stimme, einen Charakter und Beschäftigungen gegeben. Aus einem begeisterten Spiel geboren, hat sie einen sehr konkreten Platz in unserer Familie eingenommen. Sie ist Teil jener Menschen, die zulassen, dass Vorstellung und Wirklichkeit sich ineinander fügen, miteinander kommunizieren, sich gegenseitig beeinflussen: sie wohnt gerade auf der Grenzlinie zwischen ihnen. Die Welt des Kindes ist das Spiel.

Wir sind daran gewöhnt, Wirklichkeit und Vorstellung als Gegensätze zu begreifen. Sobald wir jedoch unserer Natur freien Lauf lassen – unserer von Geburt an spielerischen, begeisterten und schöpferischen Natur – werden die reale und die imaginäre Welt wieder zu einer Einheit. Unsere Gesundheit hängt davon ab, ob und in welchem Maß es uns gelingt, die Verbindung zwischen Wirklichkeit und Vorstellung wiederherzustellen.

KAPITEL 5
SPIELEN, DAS KIND IN SEINEM ELEMENT

Wie ein Fisch im Wasser, eine Schwalbe in der Luft: Das Kind, das spielt, ist in seinem Element.

Im Gegensatz dazu, wie Erwachsene spielen und das Spiel auffassen, kennt das Spiel des Kindes weder Sieger noch Verlierer oder Stress. Das Kind, das sich dem Spiel hingibt, fürchtet keine Niederlage, und sein Ziel ist nicht zu gewinnen. Es spielt nicht, um sich zu zerstreuen oder Abstand vom Alltag zu gewinnen, sondern um zu fühlen, zu leben, eine Verbindung herzustellen. Es konzentriert sich mit Leib und Seele auf den Gegenstand seiner Begeisterung. Die Spielzeit ist nicht beschränkt auf eine Partie.

Sobald das Kind in seinem Element ist, dem Spiel, lebt es die Eigenschaften voll aus, die es noch nicht verloren hat. Das spielende Kind legt eine unglaubliche Konzentration an den Tag, einen unerreichten Ernst und Tiefgang, eine unerschütterliche Beständigkeit, eine grenzenlose Freiheit, eine umwerfende Fähigkeit, über sich selbst hinauszuwachsen, einen mitreißenden Schaffensdrang, eine funkelnde Kreativität. Alles Eigenschaften, von denen wir träumen oder hoffen, dass ein ganz klein wenig davon in den Erwachsenen übrig bleiben oder neu entstehen könnte!

Die Gedanken des Kindes stimmen stets mit dem Ziel überein, das sie verfolgen – und das Ziel des Kindes ist es zu spielen. Dadurch entsteht in ihm eine tiefgehende Befriedigung.

Das Spiel erlaubt dem Kind, die Fantasie und die Realität sowie die innere und die äußere Welt zusammenzubringen. Kinder messen Objekten ständig Funktionen zu, die erheblich von denjenigen abweichen, für die sie theoretisch bestimmt sind. Sie machen sie zu Subjekten ihres

Spiels, weil sie eine Ähnlichkeit mit einem Element aus der »realen« Welt bemerken, weil eine Form, eine Farbe oder ein Geräusch sie inspiriert.

Es gibt keinen Grund, dies zu belächeln, es als Kinderei abzutun, als Fantasterei oder Einbildung. Die Fähigkeit des Kindes, anders zu denken, spielt eine entscheidende Rolle in seinem zukünftigen Leben: Sie erlaubt ihm, aus eigener Kraft Antworten auf die Fragen zu finden, die es sich stellt. Man kann diese Fähigkeit Kreativität nennen, aber Sir Ken Robinson, Visionär und Experte in Sachen Erziehung, beschreibt die Denkweise des Kindes als frei, als Abweichung von unseren Standards, die pro Frage nur eine Antwort zulassen (*divergent thinking*).

Ein interessanter Befund: Kinder passen sich der Welt nicht nur an, sie schneiden sie auf sich zu. Diese wechselseitige Anpassung und Formbarkeit erlaubt ihnen, die *Salutogenese* auf völlig natürliche Art zu leben.

Der Begriff Pathogenese – die Art und Weise, wie wir krank werden – ist uns vertraut. Erstaunlicherweise ist die Salutogenese – die Art und Weise, wie wir gesund werden oder bleiben – nahezu unbekannt, obwohl es sich um unsere Fähigkeit handelt, uns physisch oder psychisch zu »reparieren«. Diese individuelle Plastizität äußert sich am besten, wenn die drei Säulen der Salutogenese vorhanden sind. Sie wurden in den 1970er Jahren vom amerikanischen Arzt Aaron Antonovsky entdeckt und bilden die Basis für das Spiel und die innere Welt unserer Kinder:

1) Die Verständlichkeit unserer Welt aus unserer Sicht.
2) Die Formbarkeit unserer Welt aus unserer Sicht.
3) Die Sinnhaftigkeit, die unsere Welt aus unserer Sicht besitzt.

Seltsamerweise verstehen wir das Gegenteil besser als die Beschreibung dieser drei Säulen:

»Ich verstehe diese Welt überhaupt nicht.«
»Was ich auch mache, es ändert sich nie etwas.«
»Das alles hat keinen Sinn…«

Wenn es spielt, lebt das Kind voll in seiner »abweichenden Denkweise«. Wird sein Schwung nicht gebremst, bleibt es bei seiner Überzeugung (die frei ist von jeglichem Werturteil), es sei die richtige Person am richtigen Ort und zur rechten Zeit. Seine Welt ist verständlich, formbar und voller Sinn.

Wir müssten uns bewusst werden, dass es keine bessere Grundlage für ein erfülltes Leben gibt und dass sie auch in jedem von uns angelegt ist.

Paola Maugeri, eine italienische Starjournalistin, eine engagierte Frau, Rockerin und vegane Aktivistin, hat mir kürzlich, nachdem sie zwei begeisterten Siebzigjährigen begegnet war, folgendes gesagt:

»Mit Roger Waters in New York habe ich eine der schönsten Stunden meines Lebens verbracht; mit Mick Jagger habe ich in Lucca in seiner Loge getanzt, bevor ich ihn auf der Bühne explodieren gesehen habe. Ich glaube, das Geheimnis, das Elixier ihrer ewigen Jugend, das diesen Menschen, die in den 1940er Jahren geboren wurden, derart in Form zu bleiben erlaubt, ist ihre Begeisterungsfähigkeit, ihre Lebensfreude und die Liebe zum Alltäglichen. Und fallen wir ja nicht auf den Irrglauben herein, nur eine Elite sei dazu fähig, nur berühmte Künstler oder nur die, die es sich leisten können!

Ich persönlich glaube, dass Gesundheit nicht als Abwesenheit von Krankheit definiert werden kann, sondern als die Begeisterung, mit der wir uns dem Leben stellen. Zu oft sind wir in einem Leben eingekeilt, das nicht unseres ist, in einer Arbeit, die wir verabscheuen, in Beziehungen, die uns verdorren lassen. Könnten wir uns nicht weniger darauf konzentrieren, wie wir die Krankheit bekämpfen, als darauf, wie wir die Gesundheit erhalten?

Tanzen, wirklich tanzen, mit einem Lächeln auf dem Gesicht, hilft! Ich will älter werden, indem ich diesem Lebensstil treu bleibe, diesem Geisteszustand, der befreit ist vom Urteil der anderen, wie ihn die Rockmusik vermittelt. Wir haben nur ein Leben, packen wir es mit Leidenschaft an!«

Eines Tages saßen Papa und ich auf einer Parkbank auf der Insel Réunion, wo wir auf Vortragstournee waren. Drei kleine fröhliche und verspielte Welpen kamen zu uns. Ich habe sie eine Weile beobachtet: Sie spielten zu unsern Füssen, sie spielten mit uns, sie richteten sich auf, um uns in die Augen zu schauen. Ich erkannte in ihnen die gleiche Begeisterung, Freiheit von Vorurteilen, die auch Kinder haben, denselben Wunsch nach Begegnung und Entdeckung. Und ich habe mich gefragt, wenn es mir gelänge, meine Auffassungen über Bord zu werfen und sie nicht mehr als Welpen zu betrachten und vor allem, sie nicht mehr wie Welpen zu behandeln, was würde wohl aus ihnen? Denn auch sie werden so, wie wir sie sehen…

KAPITEL 6
ANTONIN, DIE ZAHLEN UND DIE BUCHSTABEN

Mitte März 2012

Wir sind zu Hause, in unserem hübschen Haus auf dem Land. Es ist Frühling geworden, nach einem kurzen, harten Winter. Antonin ist zweieinhalb. Er kann wieder draußen spielen, ohne sich warm anziehen zu müssen.

Wenn wir aus dem Haus kommen, geht er immer einmal ganz um das Auto herum, das davor geparkt ist. Er beobachtet und berührt jeden Teil der Karosserie.

Eines Morgens bleibt er vor dem Nummernschild stehen. Er betrachtet es aufmerksamer als sonst. Die Zahlen interessieren ihn. Er erkennt die 2 und die 4 schon seit einiger Zeit, ohne dass wir wüssten, wie es dazu gekommen ist. Aber auf diesem Nummernschild stehen noch etliche andere Zahlen. Antonin dreht sich zuerst zu meiner Mutter um. Da wir nichts sagen, fährt er fort, die Zahlen und die Buchstaben auf dem Nummernschild zu betrachten. Dann berührt er mit seinem Finger die 5 und dreht sich so entschlossen zu meiner Mutter um, dass sie fast reflexartig antwortet: »Fünf!« Man sieht Antonin an, wie konzentriert er ist. Er dreht sich wieder zum Nummernschild um, zeigt auf die 3 und schaut wieder zu meiner Mutter. »Drei!«, sagt sie.

Von da an dreht er sich nicht mehr um. Er bleibt vor den Zahlen stehen, zeigt auf die eine und wartet darauf, dass wir aussprechen, wie sie heißt, bevor er zur nächsten geht. Er spielt dieses Spiel lange, zeigt mehrere Male auf die gleichen Zahlen oder Buchstaben, kehrt zu ihnen zurück, als wollte er sich versichern, dass die gleichen Zeichen auch immer den gleichen Namen haben.

Dann geht er um das Auto herum und spielt dasselbe Spiel mit dem vorderen Nummernschild. Dazu muss er in die Hocke gehen, das Schild ist viel weiter unten. Er erforscht wieder jedes Zeichen, eines nach dem anderen und wartet auf unsere Antwort. Das Spiel nimmt auch uns in Beschlag, Begeisterung ist ansteckend.

Plötzlich entdeckt Antonin den Schriftzug der Marke auf dem Kühlergrill. Das erinnert mich an die Spaziergänge mit ihm außerhalb von Zeit und Raum, in den Gässchen von Avignon einige Monate zuvor, als er das Markenzeichen jedes Autos angesehen und angefasst hat. Heute tippt er auf das Markenzeichen unseres Wagens mit dem gleichen Wissensdrang, den er für die Nummernschilder an den Tag gelegt hat. »H!«, sagt meine Mutter, weil die Abkürzung so lautet. Von diesem Moment an überprüft Antonin alle Zeichen der Nummernschilder und fügt bei jedem Durchgang noch dieses H hinzu. Nach einiger Zeit ermüdet es ihn. Er wendet sich vom Auto ab, um spazieren zu gehen: viele Kieselsteine und einladende Pfützen erwarten ihn.

Eine Woche vergeht, das Spiel wiederholt sich unermüdlich. Seltsamerweise scheinen ihn Zahlen und Buchstaben, die nicht auf Nummernschildern stehen, nicht zu interessieren.

Eines Morgens fährt er wie üblich mit dem Zeigefinger die Zeichen des vorderen Nummernschildes entlang und hört auf die Namen, die Pauline ihnen gibt. Und dann, plötzlich, zeigt er auf den Schriftzug der Marke und ruft: »H!«.

Wir halten den Atem an.

War das bloß Zufall? Nein. Antonin geht bewusst mehrmals zu diesem H und spricht es laut und deutlich aus. Bei den anderen Zahlen und Buchstaben wartet er weiterhin, dass wir deren Namen sagen. In den folgenden Stunden und Tagen spielt er dieses Spiel und entwickelt es insofern weiter, dass er von da an den Namen jedes H ausspricht, dem er begegnet. Er hatte sie also doch ausfindig gemacht, die Buchstaben rund um uns herum.

4. April 2012

Antonin bleibt heute vor einer Packung mit sechs Flaschen Wasser sitzen. Er sucht darauf ein H, findet aber keines. Also zeigt er mit dem Finger auf die anderen Buchstaben, damit ich sie ihm nenne. Auf dieser

Verpackung finden sich zahlreiche Zeichen, die auf dem Nummernschild nicht vorhanden sind. Uns fällt auf, dass er immer nur Großbuchstaben auswählt.

Wie gewohnt spielen wir dieses Spiel etwa zehn Minuten lang. Dann legt Antonin seinen Finger auf ein U und ruft voller Elan: »Uuuuuuuu!«

Danach beginnt er wieder damit, Buchstaben zu suchen, die er noch nicht kennt. Ich warte nun jeweils einen Moment, bevor ich ihm den Namen sage, damit er ihn allenfalls vor mir aussprechen kann. Genau das passiert nun mit dem M: freudig gibt er bekannt: »Emmmmmmm!«

Nun patrouilliert er im ganzen Haus auf der Suche nach den Buchstaben H, U und M. Auf dem Küchenroboter steht z. B. ein so kleines M, dass ich es nicht bemerkt hätte, aber Antonin entgeht es nicht. Man merke: W heißt auch »Emmmmmmm!«

7. April 2012

Das Spiel mit den Buchstaben steht gegenwärtig im Vordergrund. Antonin spricht nun schon ein Dutzend Buchstaben aus und ein paar Zahlen. Zum üblichen Spiel, sie tagelang zu suchen und auszusprechen, hat sich heute eine neue Variante gesellt, die spontan entstanden ist. Antonin schaut meinem Vater, seinem Opa, still zu, wie er schreibt, und beobachtet ihn genau. Plötzlich ruft er: »Haaaaa«. Arno lacht, legt sein Blatt beiseite, nimmt ein neues und zeichnet ein H. Antonin ist außer sich vor Freude. Dann sagt er eines seiner ersten Worte: »Nomal!« Mein Vater kennt die Zeichen bestens, die Antonin in seiner Sammlung hat (wir erleben diese Entwicklung gemeinsam im Alltag) und zeichnet sie auf das Blatt, eines nach dem anderen, oder, besser gesagt, ein »Nomal!« nach dem anderen: I, U, O, A, 6, S, 8 und lässt bewusst alle aus, die Antonin noch nicht »kennt«.

Es bereitet Antonin unglaubliche Freude, dass sein Opa innerhalb eines gemeinsamen, kraftvollen Spiels »seine« Buchstaben und Zahlen für ihn zeichnet. Antonin ist Begeisterung, Ernst und Konzentration *in Person.*

April 2012, Antonin ist achtundzwanzig Monate alt. Gehen wir in die Stadt, so findet er Buchstaben und Zahlen überall, und das ist ihm sehr wichtig. Er kennt nun die Namen aller Buchstaben, und bleibt immer wieder stehen, um sie zu »lesen«, auf Schildern oder Plakaten. Die großen Werbeplakate an den Bushaltestellen sind dafür besonders geeignet, weil sie auf der richtigen Höhe sind. Es kommt vor, dass wir einen Bus abfahren lassen, um eine Unterbrechung zu vermeiden, wenn Antonin in sein Spiel vertieft ist und seinem Großvater alle Buchstaben auf einem Plakat vorträgt.

Eines Tages beobachtet jemand dieses Spiel und weist mich darauf hin, dass es falsch sei, den Namen der Buchstaben zu nennen. »Sie müssen vielmehr den Laut vermitteln: fffffff, nicht F, rrrrrrr, nicht R, sonst wird ihm das Lesenlernen schwerfallen.«

Diese Ideen, diese angeblichen »Methoden« und »Zusammenhänge« gehen mir von jeher gegen den Strich, sie scheinen mir in hohem Masse künstlich und befinden sich auf Kollisionskurs mit den Ritualen und Rhythmen, die jedes Kind selbst entwickelt. Im Übrigen ist Antonin überhaupt nicht dabei, lesenzulernen, und er verspürt auch keinen Wunsch, es zu lernen: ihn begeistern im Moment die Namen der Buchstaben. Er nennt die Buchstaben bei ihrem Namen wie die Menschen und Gegenstände, die ihn umgeben. Er sieht eine Katze und sagt: »Katze!«; er sieht den Buchstaben H und sagt »Haaa!«

Die gleiche Person, sicher mit guter Absicht, fügt hinzu, dass ich mindestens die Buchstaben benutzen müsste, die eigens dafür geschaffen worden sind, mit einer Oberfläche aus Samt oder Schmirgelpapier, damit mein Kind eine sinnliche Erfahrung machen könne. Aber auch das geht an dem vorbei, was Antonin gegenwärtig interessiert: Buchstaben finden, jeden Tag, dort wo sie sind, in der Funktion, die sie in der wirklichen Welt belegen! Reißt man sie aus ihrem natürlichen Kontext heraus, so werden sie fremd, künstlich, überflüssig, der Wirklichkeit nicht angepasst: sie würden ihn vom Wesentlichen ablenken und nutzlos seine sprühende Begeisterung hemmen.

KAPITEL 7
EIN OZEAN DER POTENZIALE

In einer Welt, in der etwas, was »wissenschaftlich nachgewiesen« ist, mehr Gewicht hat als alles andere – auch als die eigenen Empfindungen – ist es ein Glück, dass die akademische Wissenschaft seit Kurzem Gebiete erforscht, die bis dahin der Esoterik oder dem New Age zugeschrieben wurden. Das Zeitalter der Unterteilung in eine Vielzahl von Spezialgebieten scheint überwunden zu sein. Wissenschaftlerinnen und Wissenschaftler sind sich nunmehr einig, dass *alles mit allem zusammenhängt,* dass wir nicht nur voneinander abhängig sind, sondern auch von einem umfassenden *Alles.* Jede neue Entdeckung geht in diese Richtung. Bis dahin zeichneten die Forschung, die Beobachtung, die Beweise übereinstimmend das Bild von einer Welt, in welcher der Kampf ums Überleben, der Wettbewerb und die Konkurrenz herrschten – nicht nur zwischen den Arten, sondern auch zwischen den Individuen jeder Art gegenüber ihresgleichen. *Survival of the fittest,* nur die Stärksten gedeihen. Die großen Tiere fressen die kleinen, die großen Bäume ersticken die anderen. Unser Verhalten passte perfekt in dieses Muster und fand darin auch seine Rechtfertigung.

Nun hat man aber herausgefunden, dass die großen Bäume die kleinen über die Wurzeln ernähren und dass sie ihresgleichen Nahrung zukommen lassen, wenn einer von ihnen in Gefahr ist.[4] Oder dass die Bakterien im Käse sich keineswegs den Kampf liefern, den man sich vorgestellt hat, sondern sich verbünden und Gene zwischen Stämmen austauschen, um die Aufnahme von Eisen zu erleichtern, das für sie so kostbar und in der Milch nur in kleinen Mengen vorhanden ist.[5]

Welche Erleichterung, uns von alten Ansichten befreien zu können! Eine andere unserer festen Überzeugungen aus der Kindheit auffrischen zu können: die Gewissheit, dass es gerade unsere Unterschiede sind, die – wenn sie zusammenkommen – gegenseitige Bereicherung ermöglichen. Du, du, du und ich: Gemeinsam können wir erreichen, was für jeden einzelnen von uns unerreichbar wäre, bliebe er allein (oder würden wir uns gar bekämpfen). Du kannst gut lesen und du schnell rennen: brauche ich Hilfe von jemandem, der gut liest, komme ich zu dir, und wenn es darauf ankommt, dass jemand schnell rennen kann, wende ich mich an dich. Und wenn ihr beide jemanden sucht, der alles reparieren kann, kommt ihr zu mir. Ich brauche eine »große« Person, um die Teller oben im Schrank zu erreichen. Dafür bin wiederum ich gefragt, wenn es um die Brille geht, die unter das Bett gefallen ist.

Diese Erleichterung, dieser Perspektivenwechsel betrifft auch unsere Auffassung von Kindheit. Bisher haben wir sie als ein primitives Stadium betrachtet, als etwas, das noch in den Kinderschuhen steckt, als Verheißung einer Laufbahn, die bei null beginnt und dank der Erziehung und großer Anstrengung zu einer (besseren) »Plus-Version« führt: zum Erwachsenen. Diese Betrachtungsweise hat uns erlaubt, dem Kind gegenüber eine bestimmte Position einzunehmen, es in die Lage eines Beherrschten zu versetzen und uns selbst in diejenige eines mehr oder weniger wohlwollenden Herrschers.

So waren wir also überzeugt, wir würden mit der Zeit besser, wie ein guter Wein, würden mit den Jahren Fähigkeiten und Kompetenzen erwerben – und stellen heute überrascht fest, dass dem nicht so ist, dass es sogar umgekehrt ist. Wir kommen als wahre Potenzialbomben zur Welt: ein Kind kann alles lernen und alles werden, was der Mensch lernen und werden kann, denn unsere genetischen Programme wissen nicht, wann und wo wir zur Welt kommen (es hätte vor zweitausend Jahren im Packeis sein können oder es könnte in zweihundert Jahren mitten in einer europäischen Wüste sein: da braucht man ganz andere Potenziale). Sie haben deshalb eine perfekte Lösung gefunden: Sie befähigen uns, uns einer wie immer gestalteten Umwelt anzupassen. Aus diesem Grund sind wir bei der Geburt mit *allen* möglichen menschlichen Eigenschaften ausgestattet: damit in dieser Überfülle sich auch mit Gewissheit diejenigen Potenziale befinden, die wir in unserer jeweiligen Umwelt brauchen werden. Der Mund eines Neugeborenen ist zum Beispiel in der Lage, jeden Laut aller Sprachen dieser Welt zu formen. Selbstverständlich führt die Entwicklung der Sprache dann sehr schnell zu einer »Streichung« der Laute, die in der Muttersprache, mit der das Kind aufwächst, nicht vorhanden sind. Die Fähigkeit, Hunderte von Nuancen der grünen Farbe zu erkennen, die im Urwald das Überleben sichert, verliert sich in unsern Breitengraden, wo sie nicht erforderlich ist, zugunsten von jenen Fähigkeiten, die hier für das Überleben unabdingbar sind.

Auf diese Weise kommen uns in den ersten Monaten unseres Lebens fast alle Potenziale abhanden, mit denen wir geboren wurden. Wir verbluten regelrecht. Die Erwachsenen, die dann am Ende dieser Entwicklung dem Kind gegenüberstehen, sind weit davon entfernt, die »Plus-Version« zu sein; viel eher gleichen sie einer »Bonsai-Version«. Wir werden zum Schatten dessen, was wir hätten werden können.

Wer sind die Hüter unserer grenzenlosen Möglichkeiten? Wer hält in den Händen noch die Gesamtheit dessen, was ein menschliches Wesen werden und lernen kann? Die Antwort ist ebenso einfach wie unerwartet, so offenkundig wie neu: Die Hüter unserer Potenziale sind unsere Kinder.

Benjamin, anderthalbjährig, spaziert im Erdgeschoss eines belebten Kongresshauses frei herum. Ich liebe es, ihm zu folgen, seinen kleinen Nacken zu betrachten, auf dem die braunen Locken zittern, wie kleine Rosen am Spalier. Nicht nur ich bin bezaubert, fast alle, die ihm begegnen, lächeln, spielen mit ihm durch die Lücken in der Rückenlehne eines Stuhls oder antworten ihm, wenn er sich mit seiner hellen und liebenswerten Stimme an sie wendet. Jedes Kind, das in die weite Welt hinausgeht, öffnet die Herzen derjenigen, denen es begegnet.

Am Ende eines Korridors entdeckt Benjamin die breite Treppe, die in die oberen Stockwerke führt. Fünfzehn Stufen, die alle höher sind als seine Knie, stehen vor ihm. Übertragen Sie diese Proportionen auf sich selbst, stellen Sie sich vor, Sie stünden vor Stufen dieser Höhe: sie werden zu einem erheblichen Hindernis. Aber wie jedes Kind, das von Begeisterung gepackt wird, hat er es eilig, will er nur eines: hinauf! Er beginnt auf allen Vieren, die Stufen sind wirklich hoch; er setzt Hände, Bauch und selbst das Kinn ein. Und schon ist er auf dem ersten Absatz angelangt, mit dem Schwung eines Tänzers.

Dort entdeckt er gleich den nächsten Treppenlauf und beschließt, die Stufen aufrecht zu erklimmen, an meiner Hand. Dieselbe Kraft, derselbe Elan, von nichts aufzuhalten. So gelangen wir auf den zweiten Absatz; er sieht sich um, wie es weitergeht, findet eine weitere Treppe, und schon sind wir dabei, die nächsten fünfzehn Stufen in Angriff zu nehmen.

Eine alltägliche Geschichte. Viele haben sie mit Kindern schon erlebt. Vielleicht erscheint sie, in diesem Buch eingebettet, in einem neuen Licht? Benjamin, der nicht aufhört, kleine begeisterte Laute auszustoßen, wird sechs Treppen à je fünfzehn Stufen hinauf- und wieder hinuntergehen. Und wieder hinauf. Insgesamt sechs Mal. Eintausendachtzig Stufen. Nach dieser Übung bin ich erschöpft.

Wenn meine Mutter, Michèle Stern, zu uns hereinkommt, gibt Benjamin immer kleine Schreie von sich, um seiner besonderen Freude Ausdruck zu geben, und dies mehrmals pro Tag. Auch wenn ich mich nicht mehr auf dieselbe Art ausdrücke, teile ich seine Empfindung. Als würde Maman immer nur gute Nachrichten bringen.

»Winzige und kostbare Begeisterungen« von Michèle Stern

»Mimi! Mimi! Mimi!«

Es beginnt mit diesem spitzen und unüberhörbaren Ruf: ein beinahe dramatisches Alarmsignal, eine Dringlichkeit, sich die Aufmerksamkeit von Mimi zu sichern, die gerade hereingekommen, ist und die sich stets auf die kleinen Spiele des noch sehr kleinen Benjamins einlässt. Er ist in seinem Laufgitter und legt sofort seine Verführungskunst an den Tag. Er rutscht zwischen den Gitterstäben hinunter; meine Rolle ist es zu fragen: »Wo ist Benjamin?« Er steht wieder auf: »Ah, da ist er ja!« Zehnmal, zwanzigmal – er lacht wie ein Schauspieler, der sein Publikum bei der Stange halten muss. Und kommt ein störender Gast dazwischen, ertönt das Alarmsignal: »Mimi! Mimi! Mimi!«

Ich bin bei dir, Benjamin, ganz für dich da, damit du ganz Benjamin sein kannst, damit du dich deines Daseins im Spiegel meiner Aufmerksamkeit versichern kannst. Dazu dienen all die Spiele, die du mit mir noch spielen willst. Wir kennen sie alle auswendig, sie sind unsere Liturgie, unser Ritual. Du brauchst keine Worte um auszudrücken, dass ein Spiel zu Ende ist. Du nimmst eine Büchse in die Hand und ich weiß, dass ich etwas hineinwerfen muss, das du sofort wieder ausleerst; zu diesem Schritt gehört dein gut gespieltes Lachen aus vollem Hals, und dann hältst du mir die Büchse wieder hin. »Nochmal!« – das ist dein Wort, dein Sesam-öffne-dich, und ich verstehe, dass darin dein Vergnügen liegt: Machen wir es wieder und wieder, aber zusammen!

Ich folge ganz dir, schlage nie eine Änderung vor, gehorche freudig deinen Bedürfnissen.

Ich gehöre dir, damit du du selbst sein kannst!

KAPITEL 8
DER SICHERE HAFEN

In vollständigem Gegensatz zu einer weit verbreiteten, gängigen Auffassung und Methode zeigt die Bindungstheorie[6] auf, dass Abnabelung die Autonomie nicht fördert. Ganz im Gegenteil. Sie wird beeinträchtigt, wenn man das Kind in sein eigenes Bettchen legt, es schreien lässt, bis es einschläft oder wenn man dafür sorgt, dass es »das Nest verlässt« oder der Mutter nicht mehr »am Rockzipfel hängt«. Auch wenn es auf den ersten Blick erstaunen mag: Je grösser die Verbundenheit ist, umso selbstständiger wird das Kind werden. Von selbst und authentisch.

Bei den sogenannten Naturvölkern werden Kinder nie auf den Boden gestellt, solange sie nicht laufen können. Sie bleiben in Körperkontakt mit einem Mitglied des Stammes, Tag und Nacht. Sobald sie aber laufen können, zeigen sich diese Kinder als vollkommen autonom.

Für den Neurobiologen Gerald Hüther ist dieses Phänomen leicht zu erklären. Es beruht auf zwei ausschlaggebenden und zusammenhängenden Erfahrungen (obwohl sie uns auf den ersten Blick unvereinbar erscheinen), die das Kind *in utero* macht: die Erfahrung der Bindung und diejenige der Autonomie. Neun prägende Monate lang machen wir in einer homogenen Welt (ohne Binarität, ohne Temperaturschwankungen zum Beispiel[7]) die Erfahrung der engstmöglichen Verbindung zu einem anderen Menschen, zu unserer Mutter, gepaart mit der Erkenntnis, dass diese Bindung uns erlaubt zu wachsen – und somit jeden Tag autonomer zu werden.

Nicht die Abnabelung, sondern die Bindung ist der Autonomiefaktor Nummer eins.

Viele Eltern kämpfen darum, nichts zu versäumen, um gute Eltern zu sein. Keine Anstrengung ist ihnen zu viel, um alles zu tun, was »getan werden muss«, damit die Zukunft ihrer Kinder gesichert ist, damit sie glücklich, selbstständig, erfüllt, kultiviert und selbstsicher werden, fähig, sich in einer komplexen Welt »zu behaupten«. Viele Eltern auferlegen sich so viel Stress und Sorgen, dabei wäre es so viel einfacher, all das zu erreichen...

Es würde genügen, dass sie für ihre Kinder der sichere Hafen sind, den wir alle von Geburt an suchen. Der Heimathafen ist der nicht-geografische Ort, wo es gut ist, wenn du so bist, wie du bist. Du brauchst dich nicht zu ändern, kein anderer zu werden, keinen fremden Erwartungen zu genügen, dich nicht anzustrengen. Es ist der Ort, wo du nicht beurteilt wirst, wo dir keine Gefahr droht, wo du keine Prüfungen bestehen musst – wir kennen diese Manie, den Kindern ständig knifflige Fragen zu stellen, um ihnen zu zeigen, dass es noch viele Dinge gibt, die sie nicht wissen, und dass hingegen wir sie wissen! –, der Ort, wo niemand »auf Fehler lauert«.

Fühlt das Kind diesen Heimathafen, dann hat es alles, was es braucht, um sich ohne Zögern und ohne Furcht aufzumachen, die große weite Welt zu entdecken, der Verschiedenheit entgegen, von der es weiß, dass sie die gegenseitige Bereicherung gewährleistet. Es wird immun gegen die Fratzen der Gorgonen, denen es auf seinem Weg unweigerlich begegnen wird, und gegen all ihre Versuche, es zu verunsichern. Wie Antonin an diesem verrückten Hochzeitsabend, an dem er überall herumgerannt ist, gelacht und gespielt hat, mit allen Kindern getanzt und gefeiert, dabei ab und zu in Konflikte oder unbekannte Situationen geraten ist... und von Zeit zu Zeit zurückkam, sich ein paar Minuten auf meinen Schoß setzte, im Heimathafen auftankte, sich kurz ausruhte, bevor er heiter wieder aufsprang und zur Party zurückkehrte.

Sind wir für unsere Kinder dieser sichere Hafen, so haben wir das Wichtigste getan, was Eltern tun können. Alles Übrige ist Zugabe. Die Fortsetzung der Geschichte gehört den Kindern, sie sind es, die sie schreiben.

Wir haben immer Angst, unsere Kinder geraten in materiell unsichere Lebensumstände. Die wahre Gefahr aber kommt von der emotionalen Armut.

Fragt man meinen Vater Arno Stern, ob er eine glückliche Kindheit hatte, antwortet er mit Ja, ohne zu zögern. Er war während des Zweiten Weltkrieges Kind, hat grauenhafte Umstände erlebt, musste flüchten, wurde verfolgt, war immer in Gefahr, kannte keine materielle Sicherheit oder Fülle. Wie kommt es, dass er seine Kindheit als eine glückliche empfand? Wegen der tiefen Bindung zwischen ihm und seinen Eltern. Der sichere Heimathafen, wenn rundherum der Sturm tobt.

Ich bin glücklich, den folgenden Beitrag, den mein Vater Arno Stern geschrieben hat, mit Ihnen zu teilen.

So wie Newton ein Instrument erfunden und dabei eine Wissenschaft entdeckt hat, ist mein Vater sowohl der Entdecker eines neuen wissenschaftlichen Faches als auch der Erfinder des Werkzeuges, mit dem es sichtbar gemacht werden kann. Und so wie die Entdeckung der Gesetze der Schwerkraft, zusammen mit der Erfindung des Teleskops, unser Verständnis vom Universum zutiefst verändert hat, hat die Einrichtung des »Malorts« und die Entdeckung der »Formulation« durch Arno Stern die Art und Weise, wie wir Erziehung auffassen und der Kindheit begegnen, im weitesten Sinne verwandelt.

»Spielen und spielen lassen« von Arno Stern

Ich habe keine Laufbahn eingeschlagen, die vorgezeichnet oder schon vorhanden gewesen wäre. Ich habe kein Diplom erworben, das von anderen definierte Kompetenzen garantiert hätte. Alles musste erschaffen werden. Da stand ich, mit meinen leeren Händen, und mein unbelasteter Blick war auf eine noch unerforschte Welt gerichtet. Ich erzähle hier von diesem Abenteuer. Es ist noch nicht zu Ende, aber ich schildere, wie alles angefangen hat: Man schrieb das Jahr 1946. Ein Telegramm war die Antwort an einen Freund meiner Eltern, kurz nach unserer Rückkehr in das befreite Frankreich: »Schickt jungen Mann, gezeichnet Job« (Leiter des Kinderhilfswerks). Es war mein Schicksalstelegramm.

Wir sind Flüchtlinge gewesen, Staatenlose, gefährdete Menschen, zwölf Jahre lang auf der Flucht, haben uns niedergelassen, haben alles aufgegeben, was das Alltagsleben ausmacht, um anderswo zu überleben, bis zur nächsten Bedrohung. Einige Monate verweilten wir in Valence, wo ich an zwei Abenden jede Woche Zeichenstunden mit einigen Mädchen der gutbürgerlichen Gesellschaft und einigen Jungens teilte, die sich vorstellten, Künstler zu werden. Ich wusste nie, ob ich auf dem Rückweg nicht von einem Polizisten, der Wache schob oder auf Streife war, aufgrund eines Befehls oder aus eigenem Antrieb verhaftet würde. Es war nicht ausgeschlossen, aber ich dachte nicht daran. Auch wenn ich mit meinem Vater die Fähre nahm, um über die Rhone zu fahren, hätten wir jederzeit kontrolliert werden können, und für eine Verhaftung brauchte es keine andere Rechtfertigung als dass wir staatenlose Flüchtlinge waren.

Am Abend, in unserer kleinen möblierten Wohnung im alten Armenierviertel, war ich wochenlang damit beschäftigt, für Renée ein Puppenhaus aus Pappe anzufertigen, mit Mobiliar und Inhalt: Schränke voller kleiner Wäschebündel, andere, in denen sich das Geschirr stapelte, Fenster mit Scharnieren und Vorhängen... und viele weitere Gegenstände, die ich mit großer Sorgfalt herstellte, begeisterten mich, als läge der ganze Sinn des Lebens darin. Jede Einzelheit erweiterte meine Begeisterung. Ich habe auch einen Güterzug hergestellt für den Bruder des kleinen Mädchens, um ihnen die Spielsachen zu Weihnachten schenken zu können.

Meine Eltern sahen mir zu und teilten meine Begeisterung, ungeachtet der nagenden Sorgen um unser Überleben. Der Zug mit seinen Schiebetüren und das reich ausgestattete Puppenhaus sind den Kindern übergeben worden, bevor wir flüchteten, während fast alles andere, das wir in zwei Jahren zusammengetragen hatten, in die Hände des Polizisten gefallen ist, der eines Nachts kam, um uns zu verhaften und uns in die Gaskammern zu schicken, und der so übereifrig war, dass er sogar dort wohnte in der Hoffnung, wir seien so unvorsichtig, zurückzukehren. Schließlich brachte er die Einrichtung unserer Wohnung auf den Müll, samt der Sammlung von Käfern, die wir für das städtische Museum angelegt hatten.

Wir sind diesem und vielen anderen Verfolgern entkommen. Ein paar Monate später wurden wir sogar von der systematischen Zurückweisung Verfolgter an der Schweizer Grenze verschont.

Die restlichen drei Jahre bis zum Ende des Krieges habe ich in einem Arbeitslager verbracht und wurde dort vom Kind zum Erwachsenen. So entging ich jeglichem Studium, aber es waren mir bereichernde Begegnungen beschert worden. Meine ersten Schuljahre habe ich in Deutschland erlebt, und mit neun Jahren kam ich in die französische Schule. Ich pendelte zwischen zwei Sprachen, zwei Kulturen. Die Jahre in der Schweiz haben meine inzwischen vernachlässigte Muttersprache wieder neu belebt und sie dank außergewöhnlicher

Begegnungen auch bereichert. Mein Leben als Internierter, mein behördlich bestimmter Alltag, bestand drei Jahre lang vorwiegend aus Verboten und Einschränkungen, jedoch gab es auch außergewöhnlich anregende Erlebnisse.

Die Zwangsarbeit auf den Feldern hinderte mich nicht daran, die Musik zu erleben, dank einiger Bücher die deutsche Poesie zu entdecken und einen tief geprägten Hang zur Kunst: am Sonntag ins Museum zu gehen und einer ausgeprägten Lust am Zeichnen zu folgen vor dem Schlafengehen auf dem Strohsack in der Baracke, zwischen all den anderen Internierten. Und dann geschah etwas Entscheidendes: Ich hatte aus Pappe und allen möglichen zusammengetragenen Verpackungen einen mit all seinen typischen Bestandteilen und Verzierungen ausgestatteten Messeplatz angefertigt. Er war so reichhaltig wie das Pappenhaus für Renée in Valence. Ich verwendete dafür meine gesamte Veranlagung, und als es beendet war, wurde das Ganze einer Behörde geschickt, die es in Genf ausstellte, und ich wurde dafür mit dem ersten Preis ausgezeichnet. Das brachte mir eine besondere Anerkennung unserer Lagerleitung ein.

Von diesem Meisterwerk ausgehend, habe ich hernach eine Ausschneidemethode erdacht, die auch später einen Verleger fand, bei dem sie nach meiner Rückkehr nach Frankreich veröffentlicht wurde. Mein Ruf als junger Künstler und diese Methode galten als Begründung für meine pädagogische Empfehlung für das Kinderheim und meine dortige Anstellung, in der ich meine Rolle als Malspieldienender entwickelte. Dies alles stellt eine perfekte Verkettung von sich ineinander fügenden Umständen dar und bildete die Grundlage meiner Arbeit: die darauf folgenden siebzig Jahre als Malspieldienender.

Als ich in dem Heim in Fontenay-aux-Roses ankam, trug man mir auf, die Kinder zwischen sechs und fünfzehn Jahren zwischen dem Essen und der Schlafenszeit zu beschäftigen. Die Kinder hatten die Massenverhaftungen überlebt, während ihre Eltern deportiert und in den Gaskammern ermordet worden waren. Sie hatten das Glück, in Klöstern oder bei Bauern versteckt worden zu sein. Meine Anstellung beruhte auf einem typischen Fehlurteil: Ein junger Musiker war damit beauftragt, sie in das Spiel mit Tönen einzuführen, und ich, mutmaßlich ein junger Künstler, sollte ihnen die Kunst beibringen. Im von den Besetzern geplünderten Frankreich war nicht viel übrig geblieben. Ich fand Abfallpapier und Bleistiftstummel, und was sie damit machten, zeigte mir, dass ich ihnen nichts beibringen musste. Diese Spielgelegenheit genügte, um eine sinnvolle Tätigkeit hervorzurufen. Ich nahm ihre Hingabe und ihre Begeisterung wahr, und ich erkannte meine Rolle.

Sehr bald nach der Befreiung wurden wieder Farben hergestellt, und ich kaufte solche in großen Gläsern und stellte den Kindern Temperafarbe zur Verfügung. Das löste ein Erdbeben aus. Man hatte mir anfangs einen kleinen Raum eingerichtet, mit einem Tisch, um den Bänke und Hocker standen; die Kinder saßen nebeneinander und tauchten die Pinsel in Behälter, die vor ihnen aufgereiht waren. Die Papierblätter waren kaum größer als die, die sie vorher für die Zeichnungen benutzt hatten und lagen vor ihnen auf der Tischplatte. Ein Kind wollte bald ein größeres Bild malen, wozu es ein größeres Blatt Papier brauchte. Ich habe es ihm an die Wand geheftet. Nun wünschten alle Kinder größere Blätter. Der Tisch war überflüssig geworden. Ich habe sogar Bretter vor die Fenster genagelt, um mehr Platz auf den Wänden zu haben.

Was nun geschah, war unvorstellbar. Ich war Zeuge dieses Ausprudelns, teilte die Begeisterung der Kinder; und all das berauschte mich. Ich erlebte dieses Gefühl, das nicht vergleichbar war mit der Entwicklung meiner eigenen Kreativität. Und dieser Schwung steckte das ganze Haus an. Die Kinder wollten nichts anderes mehr tun. Die Bilder wuchsen und reichten schließlich vom Boden bis zur Decke hinauf.

Ich habe das Kinderheim mit dem einzigen Wunsch verlassen: weiter so zu arbeiten. 1948 eröffnete ich die Donnerstagsakademie, den ersten Malort für Kinder von sechs bis fünfzehn Jahren. Ein paar Jahre später zog ich mit meiner Donnerstagsakademie ins berühmte Viertel von Saint-Germain-des-Prés. Einhundertfünfzig Kinder kamen jede Woche dorthin und erlebten das Malspiel. Sechzig Jahre sind vergangen, aber wenn eines jener Kinder mich auf der Straße anspricht, sagt es mir, es seien die schönsten Stunden seiner Kindheit gewesen.

In diesem Ort der Ruhe und der Beständigkeit entstand eine Gesellschaftsordnung. Hier wurde eine Äußerung möglich, die in der Geschichte der Menschheit beispiellos ist. Das wusste ich damals allerdings noch nicht – und erkannte es erst später. Dank meiner Unvoreingenommenheit wurde ich Zeuge dessen, was ich »Die Formulation« genannt habe. Ich entschlüsselte sie Tag für Tag, beobachtete diese Äußerung, deren Abläufe ich verstand, entdeckte ihren Ursprung. Niemand vor mir hatte sie in ihrer Eigenart wahrgenommen. Die beispiellose Einrichtung des Malortes gestattete mir, wie durch ein Vergrößerungsglas die Eigentümlichkeit eines Gefüges wahrzunehmen.

Meine Hingabe an meine Rolle als Entdecker berührte mich tief; ich konnte ermessen, wie außergewöhnlich das von mir Erschaffene war, ohne mir etwas darauf einzubilden. Ich spürte, dass alle Ereignisse in meinem Leben – das Wunder, mehrmals der Vernichtung entgangen zu sein – mich dazu bestimmt hatten, zu überleben, um dieser Entdecker zu werden.

Erquicklich für einen jeden war das Erleben der entfesselten Eigenwelt neben den ungetrübten Offenbarungen aller Mitspielenden.

Ein jeder Erforscher kennt wohl diese Begeisterung. Jedoch handelt es sich im Allgemeinen um unbekannt gewesene Begebenheiten innerhalb eines bestehenden Bereiches; während sich mir etwas total Unbekanntes offenbarte, das ich mich beeilte zu verkünden. Ich konnte das Außergewöhnliche keinesfalls für mich behalten und bemühte mich, das Erkannte und zweifellos Folgenschwere mitzuteilen.

Es war eine dringende und mutige Aufgabe, die ich in meiner ungebändigten Begeisterung erfüllte. Ich war in meinem Fortschreiten allein, in einer unbetretenen Welt, führte ein Leben wie das eines Einsiedlermönches, ganz seiner Berufung ergeben.

Erst heute, Jahrzehnte danach, ermesse ich die Tragweite meiner damaligen Beglückung. Sie folgte den zwölf Jahren eines unsicheren Lebens: einem bedrohten Alltag, und dem Bewusstsein, durch alle Fallen geführt worden zu sein, denn das Ziel der Verfolger war, mich zu vernichten. Das hat tiefe Spuren in meinem Wesen hinterlassen und erzeugt Genügsamkeit und macht demütig.

Ich war nicht auf Anerkennung oder Lob aus, war mir nur der Einzigartigkeit und Folgenschwere meiner Erkenntnisse bewusst und davon erfüllt.

Nun, mit vierundneunzig Jahren, ist meine Tätigkeit so begeisternd wie ein nie endendes Abenteuer. Wenn man mich fragt, was ich denjenigen verspreche, die in den Malort zum Malspiel kommen, antworte ich: Genuss! Und ich teile dieses Genießen mit ihnen, mit einem jeden.

Wir haben immer Angst, unsere Kinder geraten in materiell unsichere Lebensumstände. Die wahre Gefahr aber kommt von der emotionalen Armut.

KAPITEL 9
DAS VERLETZTE KIND

Wir alle, fast ohne Ausnahme, tragen in uns ein verletztes Kind. Das Kind, dem sehr früh in seinem Leben zu fühlen gegeben wurde: »So wie du bist, bist du nicht gut. Ich hätte dich lieber, wenn du anders wärst.« Das Kind, dem so früh die Notwendigkeit des *Werdens* zu spüren gegeben wurde, dass es meistens keine Zeit mehr hatte, zu *sein.*

Wie wir als Kinder betrachtet worden sind, bestimmt noch heute, wie wir uns selbst sehen. Fatalerweise definiert dies auch unbewusst unseren Blick auf die Kinder dieser Welt, auf unsere eigenen Kinder.

Wissen wir überhaupt, was Kindheit ist? Von Geburt an merkt das Kind, dass man es lieber hätte, wenn es sich verändern würde, wenn es darauf verzichten würde, was seine Kindheit sein könnte, wenn es anfangen würde, der Vorstellung zu entsprechen, die Erwachsene darüber haben, wie eine Kindheit zu sein hat. Das ist das Ende der Kindheit, denn von diesem Moment an wird sich das Kind an die Konzepte der Erwachsenen halten.

Das Kind wird ohne Überheblichkeit geboren, aber mit dem Bewusstsein seines unermesslichen Potenzials. Von Begeisterung getragen und sich gewiss, die richtige Person zur richtigen Zeit und am richtigen Ort zu sein, ist es noch überzeugt, alles lernen zu können, denn so ist unsere Natur.

Doch stellt das Kind rasch fest, dass alle Welt, die es umgibt, die Dinge anders sieht, und es als Nullpunkt der menschlichen Entwicklung betrachtet. Dadurch landet ständig bei ihm die Botschaft: »So wie du bist, bist du noch nicht ›fertig‹, du musst dich noch verbessern, verändern… größer werden… Wenn du einmal groß bist, dann kannst du…«

Das Kind ist zwischen zwei völlig entgegengesetzten Meinungen zerrissen: der Meinung, die es über sich selbst hat und der Meinung, die andere über ihn haben. Die Neurobiologie zeigt auf, dass die Netzwerke, die in dieser Situation im Gehirn aktiviert werden, dieselben sind wie bei körperlichen Schmerzen.

Da niemand einen solchen Schmerz lange aushalten kann, sucht das Kind eine Lösung, die es ihm erlaubt, die Balance wiederherzustellen. Da es die anderen und deren Meinung nicht ändern kann, ändert es das, was es ändern kann: sich selbst und die Meinung, die es über sich selbst hat, bis es die Auffassung der anderen teilt. So ist das Gleichgewicht hergestellt – der Schmerz lässt nach. Aber auf diesem Weg verlässt das Kind auch die Welt, in der die Auffassungen über sich und die anderen homogen waren, und macht sich Einschätzungen zu eigen, die es vorher nicht kannte und die es nicht mehr los wird: »Das ist zu schwierig *für mich«,* oder »Ich bin nichts wert«, oder »In Mathematik bin ich noch nie gut gewesen«, oder: »Ich bin völlig unsportlich«...

Aber das, was das verletzte Kind in uns und in jedem Kind um uns herum wirklich hören wollte, war und ist: »Ich habe dich lieb, weil du bist, wie du bist.«

»Ich habe dich lieb«, allein, hat nicht dieselbe Bedeutung.

Gibt man dieses »Ich habe dich lieb, weil du bist, wie du bist« einem Kind zu verstehen, so reicht es aus, um in uns einen Prozess der Versöhnung in Gang zu setzen. Die Versöhnung mit dem verletzten Kind in uns ist kein Viertausender. Man braucht sich dafür nicht anzustrengen, sie bedarf keiner Ausbildung und keines Training. Sie hat schon begonnen!

KAPITEL 10
DIE VERSCHWUNDENE BEGEISTERUNG

Wie wir bereits gesehen haben, erlebt das Kleinkind alle zwei bis drei Minuten einen Begeisterungssturm. Ein erwachsener Mensch erlebt die gleiche Intensität an Begeisterung… zwei- bis dreimal pro Jahr.

Das Phänomen beschränkt sich nicht nur auf die Erwachsenen. Viele Jugendliche, ja selbst viele Kinder leiden an diesem traurigen Mangel an Begeisterung. Verdrossen betrachten sie gleichgültig, was sie vor noch nicht so langer Zeit entzückt hätte; es scheint, als berechneten sie nur noch die Punkte, die sie damit im Arcade-Spiel, zu welchem ihr Alltag geworden ist, gewinnen könnten.

Mir liegt daran, zu wiederholen, dass die Begeisterungsfähigkeit nicht erlöschen kann. Sie kann allenfalls von anderen Dingen völlig zugedeckt sein. Aber sie ist immer noch da. Es genügt, den Deckel leicht zu lüften, und schon spürt man, wie sie sich in uns ausbreitet.

Dennoch stellt sich die Frage nach dem »Warum«. Wie kommt es, dass eine so universelle und ausschlaggebende Neigung begraben werden kann? Wir stellen es bei immer jüngeren Kindern fest, bei zahlreichen Jugendlichen und den meisten Erwachsenen. Was »tötet« die Begeisterung?

Auch wenn wir sie nicht mehr sehen können, ist die Begeisterung stets in uns, und wir leben mit ihr. So wie wir unbewusst die rechte Seite unseres Autos »spüren«, ohne sie wirklich zu sehen, und obwohl sie sich außerhalb der Grenzen unseres Körpers befindet.

1) Die Angst vor der falschen Antwort, oder das Trauma des Examens

Kinder sprechen leiser, wenn sie »Ich weiß nicht« sagen: dies unterstreicht, wie sehr wir die sogenannte Wissenslücke als Makel, als Schande betrachten, und wie sehr sie uns denen unterlegen macht, die sich nie irren. Es ist unsere Kultur der Fangfrage, des Quiz, der Gewinner, die die richtige Antwort haben, und der Verlierer, die sie nicht oder nicht mehr wissen. So beginnen wir zu glauben, es sei ein Verbrechen, die richtige Antwort nicht liefern zu können, ein Fehler, der rechtfertige, dass wir beurteilt und korrigiert werden. Unsere Antwort definiert uns, und wir rufen gleich selbst aus: »Verflixt, bin ich eine Niete!«

Diese Kultur führt uns unweigerlich dazu, das zu fürchten, was uns ursprünglich am meisten angezogen hatte: alles Neue, alles Unbekannte, alles, was noch zu entdecken ist, zu erkunden, zu verstehen, zu lernen. Wir fürchten uns davor aus dem einfachen Grund, weil das, was uns unbekannt ist, per se als »Lücke« bezeichnet, definiert werden kann. Statt sie als das zu betrachten, was sie ist – ein Raum für neues Wissen –, haben wir gelernt, uns dafür zu schämen, sie zu verstecken und Situationen zu meiden, die sie zutage fördern könnten.

Nun ist es aber gerade das *Unerwartete, Unbekannte, Neue,* das Begegnungen mit Menschen oder Dingen innewohnt, das uns begeistern könnte. Statt darauf zuzugehen, gehen wir ihm aus dem Weg, so wie ein Tier die honigsüßen Früchte meidet, die ihm die schmerzliche Erfahrung eingebracht haben, dass sie nichts als Köder in einer Falle waren oder dass ein elektrischer Zaun den Zugang verwehrte.

Dabei ist dieses »Ich weiß nicht« eine der treibenden Kräfte bei allem, was die Menschheit gelernt oder entdeckt hat. Wenn wir es vom seinem Makel befreien, ist dieses »Ich weiß nicht« doch immer begleitet von einem Anflug der Neugier gegenüber dem, was noch nicht zu wissen wir gerade entdeckt haben.

Die Babylonier haben deshalb Systeme eingesetzt, die wir bis heute verwenden, weil sie von einem ungeschminkten »Ich weiß nicht« ausgehend gewisse Phänomene geduldig beobachtet haben, bis sie ihre Struktur erkennen konnten – welche dann den Stand von »Wissen«

bekommen hat. Wenn Kopernikus sich vorgestellt hat, das Universum drehe sich nicht um die Erde, wenn Newton das Teleskop erfunden und die Schwerkraft verstanden hat, wenn Einstein die allgemeine Relativitätstheorie aufgestellt hat, dann doch deshalb, weil sie die Antwort nicht kannten, sie aber finden wollten – auf die Gefahr hin, just von denen verbrannt zu werden, die für sich beanspruchten, im Besitz der Wahrheit zu sein.

Wie befreit wäre eine Welt, in der alle Kinder sagen könnten: »Ich weiß nur eines: dass ich alles lernen kann, was ich nicht weiß, vorausgesetzt – und das ist nicht verhandelbar –, dass ich es lernen will.«

Lernen ist nicht etwas, was man tut. Lernen ist etwas, das mit uns geschieht.

2) Das Vorbild

Unsere Kinder werden so, wie wir sie sehen... aber sie werden außerdem auch so, wie sie uns sehen. Eine frohe – oder eine beunruhigende – Botschaft.

Wenn sie sehen, dass wir ohne Begeisterung arbeiten, handeln und leben, entfernen sie sich nach und nach von ihrer natürlichen Veranlagung und passen sich immer mehr der lokalen »Farbe« an. Diese archaische Notwendigkeit, der Stimmung und dem Geist der Familie zu entsprechen, ist ein Überbleibsel alter Überlebensstrategien auf einer noch primitiveren Ebene als die der Malereien, des Schmucks und anderer Embleme, welche die Zugehörigkeit eines Individuums zu eines bestimmten Stammes erkennbar machten.

Wir wollen Kinder, die eines Tages glückliche und begeisterte Erwachsene sein werden. So sehr wollen wir es, dass wir vergessen, ihnen tagtäglich vorzuleben, was begeisterte Erwachsene sind.

Das bestimmt ihre Zukunft, denn das Erbe, das wir ihnen mit unserem Vorbild hinterlassen, wiegt schwerer und ist dauerhafter als alle pädagogischen Maßnahmen – wie wohlwollend und gewissenhaft sie auch sein mögen –, die wir je anwenden könnten.

Ihnen vorzuleben, wie wir uns opfern, damit sie eines Tages ein besseres Leben haben, ist der direkteste Weg, sie – wenn die Zeit gekommen ist – das tun zu sehen, wovor wir sie beschützen wollten: so zu leben wie wir.

Ich arbeite mit zahlreichen Lehrerinnen und Lehrern. Überzeugt, dass Begeisterung und Emotion den Lernprozess in Gang setzen, hoffen sie, dass dank ihrer Bemühungen die Augen ihrer Schülerinnen und Schülern gelegentlich zu leuchten beginnen, und leiden, wenn sie miterleben, wie jene sich damit zufriedengeben, *tapfer ihre Aufgaben zu machen*, wohl wissend, dass der »Routinebetrieb des Gehirns, wenn man all das abarbeitet, was anliegt«, niemals jenen Prozess in Gang setzen kann, der den »Dünger des Gehirns« freisetzt... Es kommt vor, dass sie in Tränen ausbrechen, wenn sich die Frage stellt, »wie« die Begeisterung im Herzen ihrer Schülerinnen und Schüler zu wecken sei. Die Diskrepanz zwischen dem, was sie sich wünschten (und warum sie diesen

Beruf gewählt haben) und dem, was sie tagtäglich erleben, gepaart mit zunehmenden Notlagen in allen Beziehungen – sowohl in denen mit den Schülerinnen und Schülern als auch mit deren Eltern und mit den Vorgesetzten – bringt sie oft an den Rand des »Burnout«. Mit verheerender Vorbildwirkung für ihre Schülerinnen und Schüler.

Ich habe glücklicherweise keine Methode, kein Konzept, keine fix und fertige Lösung vorzuschlagen, aber ich denke gern mit ihnen über diese Sehnsucht nach Erneuerung nach, die in ihnen leise aufsteigt. Als »unvermeidliche« Bezugspersonen könnten sie die Gelegenheit beim Schopfe packen, zugunsten der Kinder alles zu verändern, indem sie ihnen eine aufrichtige und, wie wir wissen, ansteckende Begeisterung vorleben. Indem sie – und sei es nur für die Zeit einer Lektion pro Woche – den Deckel vom Dampfkochtopf entfernen, zu dem die Kindheit geworden ist. Eine ganze Gesellschaft will die Kinder unablässig »erziehen«, sie zu Höherem antreiben, sie formen, sie verändern, droht ihnen jegliches Übel an, wenn sie »sich in der Schule nicht genug Mühe geben«, wenn sie »keine guten Noten« haben. Denn ohne gute Noten kein Diplom, und ohne Diplom kein guter Beruf, und ohne Beruf kein Geld, kein Haus, keine Hochzeit, keine Familie, kein Auto, keine Rente – und keine guten Schulen für ihre Kinder!

Eine Dreiviertelstunde pro Woche kann ihre Kindheit retten! Vielleicht werden sie sich nicht an die Fächer erinnern, die sie unterrichtet haben, aber sie werden sich an sie erinnern, wie sie die Schwelle zur Klasse überschritten (was nicht geografisch gemeint sein muss) und ihnen zu verstehen gegeben haben (was nicht verbal geschehen sein muss), dass man sich hier keine Mühe geben, sich nicht ihren Erwartungen anpassen, dass man keinem Projekt entsprechen muss. Das kann ihre Kindheit retten, wenn sie spüren, dass sie für sie einen Raum schaffen, in welchem sie fühlen, dass sie so wahrgenommen, ernst genommen und geschätzt werden, wie sie sind, und nicht so, wie sie sein müssten. Das kann ihre Kindheit retten, wenn sie ihnen das geben, worauf sie immer hoffen und was sie so selten bekommen: ihr Vertrauen.

Es ist eine Frage der Haltung, nicht der Methode. Eine Haltung ist jederzeit und überall anwendbar. Und kostet nichts!

»Der Mensch stirbt ein erstes Mal, wenn er seine Begeisterung verliert.«

Honoré de Balzac

3) Die Hierarchien unter den Berufen und Fächern

Wie wir gesehen haben, ist es die Begeisterung, die es uns erlaubt, an das Genie anzudocken, das in uns schlummert, die Genialität zu aktivieren, die jeder Mensch – ohne Ausnahme – in sich trägt.

Klar ist, dass wir uns von Rangordnungen unter Berufen und Fächern befreien müssen, wenn wir eine Verbindung zu dieser Genialität herstellen wollen. Sollte sich nämlich herausstellen, dass das, was uns erlauben würde, ins Schlaraffenland unserer Begeisterung zu gelangen, in der Gesellschaft kein gutes Image besitzt, dass das, was uns genial machen würde, von unserer Weltordnung nicht anerkannt wird, dann wagen wir uns nicht einmal mehr selbst einzugestehen, dass unsere Begeisterung dort zu finden wäre.

In neun von zehn Fällen fordert die Hierarchie unter Berufen und Fächern systematisch ein Opfer: unsere Begeisterung. So verzichten unzählige Menschen auf ihren Genius und geben sich mit einer Rolle zufrieden, die zwar mit einem Gütesiegel versehen ist, ihnen aber nur halb oder oft überhaupt nicht steht. So tragen sie ein Leben lang diese zwei kleine Leichen mit sich herum: ihre Begeisterung und ihre Genialität.

4) Der verhängnisvolle Moment, wenn Lernen unangenehm wird

Ursprünglich machen unsere Kinder keinen Unterschied zwischen spielen und lernen. In ihren Augen handelt es sich um Synonyme. Angesichts der neuen Entdeckungen der Neurobiologie ist das auch völlig logisch. Lernen als bewusste Handlung gibt es nicht. *Auswendig lernen* ist eine bewusste Handlung, *lernen* hingegen ist es nicht: Der Erwerb von Wissen ist nichts als Sedimentierung dessen, was von unseren Spielen und Emotionen hinterlassen wird.

Unserer Gesellschaft (deren Organisatoren wir alle sind) ist das Kunststück gelungen, nicht nur *spielen* und *lernen* voneinander zu trennen, sondern sie auch noch auf der Ernsthaftigkeitsskala an den zwei entgegengesetzten Enden zu positionieren: am einen Ende das

Spiel als zweitrangige, unnütze und beliebig unterbrechbare Tätigkeit, am anderen Ende das Lernen als ernste, hochgeschätzte und verdienstvolle Angelegenheit.

Obwohl wir beobachten (und/oder uns erinnern), dass ein Kind, dem man erlaubt, seinem Herzen zu folgen, sofort zu spielen beginnt, unter welchen Umständen auch immer; und obwohl wir wissen, dass das Kind immer weiterspielen würde, wenn es nicht unterbrochen würde, fühlen wir uns dennoch berufen, dem Kind und damit uns selbst gegenüber einen Misstrauensantrag zu stellen, weil im Innersten unserer Kultur die Überzeugung wurzelt, dass spielen »nicht ausreicht«.

So ist eine Gesellschaft entstanden, in der niemand auch nur die geringste Ahnung hat, was geschehen würde, wenn man das Kind in seinem Spiel nicht unterbrechen würde. Dabei ist der Maßstab nicht ein einziger Tag (das Kind macht problemlos Pausen, wenn es weiß, dass es danach weiterspielen kann), sondern das ganze Leben. Wir haben seit Generationen keine Erfahrung damit – aber jede Menge Vorurteile und Befürchtungen. Zum Beispiel, dass ein Kind, das man spielen lässt, nichts lernt, nie »erwachsen« wird, nie fähig wird, sich anzustrengen und etwas anderes als sein Vergnügen zu suchen (denn *spielen* setzen wir gleich mit *sich vergnügen*). Da wir aber wissen, dass Spielen die erste und präferierte Beschäftigung aller Kinder ist; dass Spielen das beste Lernwerkzeug ist, das je erfunden wurde; dass alle, hinge es nur von ihnen ab, nie aufhören würden, von diesem Werkzeug Gebrauch zu machen; und schließlich, dass Spielen einen Zustand der Emotion (die uns ermöglicht, Kenntnisse zu verankern) und der Begeisterung (die als Dünger des Gehirns wirkt) auslöst, stellt sich die dringende Frage der Relevanz unserer Vorurteile und Befürchtungen. Wie wäre es, wenn wir einer neuen Haltung Platz machten, eine Haltung des Vertrauens in das, womit uns die Natur so großzügig ausgestattet hat?

Ich habe nicht vor, für einen Rückfall in die Kindheit zu appellieren, aber gern dafür, dass wir das spielende Kind ernst nehmen. Eine Veränderung unserer Haltung verurteilt uns nicht dazu, ewig

Kind zu bleiben! Vielmehr gestattet sie uns, unsere Entwicklung als Kontinuum leben zu können, wie es eigentlich vorgesehen war (wir greifen ja auch nicht in das Wachstum des Skeletts ein), und unsere angeborenen Veranlagungen der Lernfähigkeit, des Altruismus, der Offenheit, Kreativität und Begeisterung zu erhalten und zu pflegen. Daraus gingen andere »Erwachsene« hervor.

Dass ich so etwas erlebt habe, macht mich – leider – zu einer Ausnahme in unserer Bildungslandschaft; dabei habe ich nur das erlebt, was jedes Kind erleben würde, schenkte man ihm bedingungsloses Vertrauen! Es geht hier um unsere universelle Grundausstattung, nicht um Privilegien oder persönliches Verdienst. Ich stelle es täglich bei vielen Kindern fest und kann es bezeugen.

Stellen Sie sich vor, was ein Kind früher oder später empfindet, wenn man es eines Tages auffordert, mit dem Spielen aufzuhören und mit dem *Lernen* anzufangen. Das ist, als forderte man Sie auf, zu atmen, ohne Luft zu holen! Und stellen Sie sich vor, dass Sie von diesem Moment an und für immer mehr oder weniger versteckt atmen oder sich schuldig fühlen müssten, wenn man sie dabei wieder erwischen sollte: »Man kann doch nicht sein Leben lang nur atmen!«

Das Spiel als nur für die Freizeit geeignet zu betrachten, es abbrechen zu müssen, um lernen zu gehen (in der Schule oder an jedem anderen Ort, wo Spielen ausgeschlossen ist), ist schmerzlich für das Kind. Erinnern Sie sich, wie sehr Sie bei sich selbst waren, mit Geist und Herz, zur Zeit Ihrer Kinderspiele, und Sie werden verstehen, wie sehr diese Unterbrechung als absurd empfunden wird. Das Kind stellt die Erwachsenen nicht infrage, es denkt nicht, die Erwachsenen hätten ein Problem, es denkt, es habe selbst eins. Wenn es aufhören muss zu spielen, um zu lernen, obwohl sein ganzes Wesen ihm signalisiert, dass die Welt in Ordnung wäre, wenn es weiterspielen würde, entwickelt das Kind das Gefühl, es habe eine Störung.[8]

Dies ist der fatale Augenblick, in dem in unserer Gesellschaft das Lernen zu etwas Schmerzhaftem wird.

Dann kommt die Zeit der *Hausaufgaben*. Sie greifen noch tiefer in das Privatleben ein, das Innenleben, die Spielzeit. Wenn wir zu Hause repetieren müssen, ist das nicht das unübersehbare Eingeständnis dafür, dass die Methode nicht funktioniert hat, dass das Thema uns nicht interessiert hat? Der Zwang, zu Hause noch seine *Aufgaben* machen zu müssen, verwandelt das Lernen unwiderruflich zu etwas, was wir lieber vermeiden möchten.

5) Wenn ich das mache, was mich begeistert, wovon werde ich leben?

Die Lebensläufe unserer persönlichen »Helden«, deren Geschichten wir gern hören, erzählen immer davon, dass sie – getragen von ihrer Begeisterung – auf Sicherheit verzichtet haben, um das zu verfolgen, was ihnen unter die Haut gegangen war, eine Vision, ein etwas verrücktes Projekt. Paradoxerweise zweifeln wir daran, dass auch wir den Weg finden könnten wie unsere Idole, die ihm gefolgt und so zu dem geworden sind, was wir heute an ihnen bewundern. Noch frappanter wird es, wenn es sich um unsere Kinder handelt: Wir hätten gern, dass sie wie Einstein oder Steve Jobs werden, aber nicht, dass sie sich auf den gewagten Pfad begeben, den jene eingeschlagen haben. Gehen sie auch nur einen Schritt in diese Richtung, bricht in uns eine wahre Panik aus. Wir möchten, dass sie Geschichte schreiben wie Edison, nicht aber, dass sie wie er von der Schule entlassen werden. Wir wären glücklich, wären sie der nächste Elvis Presley, aber unglücklich, wenn die Schulband sie wie ihn einst ablehnen würde.

So lassen wir uns blenden von einem Konformismus, der umso seltsamer ist, weil er uns zum Nachteil gereicht und uns in der Idee verharren lässt, dass wir »keine Wahl haben«, und dass der eigenen Begeisterung zu folgen, der Luxus einer Handvoll Privilegierter sei, »die es sich leisten können«. Eine Handvoll, von der wir uns von vorneherein ausschließen – und dabei unsere Begeisterung unter einer Schicht von Zweifeln und vorgefassten Ideen über uns selbst begraben.

Aber das ist alles unwahr. Nichts kann unserer Begeisterung

widerstehen. Kein Umstand, sei er materieller oder moralischer Art, kann sich dauerhaft gegen unseren außergewöhnlichen Einfallsreichtum behaupten, wenn wir beschließen, das möglich zu machen, was uns begeistert.

Meine Eltern sind nicht eines Morgens als Privilegierte erwacht, um vergnügt festzustellen: »Sieh mal einer an, alle Voraussetzungen sind günstig! Welch ein Glück, eine Gelegenheit! Da es nun mal so ist, wollen wir doch die günstigen Umstände nutzen, um unseren Kindern zu vertrauen, ihrem Spiel, ihren Rhythmen und Ritualen, ihren Veranlagungen und Begeisterungen!« Nein! Kein einziger dieser »idealen Umstände« war damals vorhanden. Viel mehr war es für meine Eltern schlicht undenkbar, anders zu handeln. Also haben sie beschlossen, ihrer Überzeugung entsprechend zu leben; sie haben Tag für Tag, Euro für Euro, die Umstände *erfunden*, die das alles möglich gemacht haben.

Das ist etwas, was alle tun können. Jederzeit.

Begeisterung kostet nichts. Weder Geld noch Zeit noch Energie. Es ist eher umgekehrt: Es ist fast sicher, dass die Begeisterung Geld, Zeit und Energie bringt, lässt man ihr nur freien Lauf. Wir werden dies genauer betrachten im Kapitel »Die Nebeneffekte der Begeisterung«, und auch am Ende dieses Buches, in allen Geschichten, die ich Ihnen dort anvertrauen werde.

Begeisterung kostet nichts.
Weder Geld noch Zeit,
noch Energie. Es ist eher
umgekehrt: Es ist fast sicher,
dass die Begeisterung Geld,
Zeit und Energie bringt, lässt
man ihr nur freien Lauf.

6) Selbstzweifel

Die Selbstzweifel wurzeln in unserer Gewohnheit, an willkürlichen Standards gemessen zu werden, wie zum Beispiel am Umfang des Wortschatzes in einem bestimmten Alter.

Sie gründen auch in der Gewohnheit, anderswo sein zu wollen, schon auf der nächsten Stufe zu sein – weil die gegenwärtige uns als vorübergehend, mittelmäßig und weniger wünschenswert dargestellt wird als die folgenden, die uns endlich Zugang verschaffen werden zu dem, was im Moment noch dem »wenn du größer bist« vorbehalten bleibt. Auf diese Weise machen es sich die Kinder zur Gewohnheit, zu erwarten und sich zu wünschen, größer zu sein, statt ihre Kindheit zu erleben.

So wird es zur Gewohnheit, eine Liste der Fehler zu erstellen, unter denen man angeblich leidet und die es zu überwinden gilt, anstatt sich so zu sehen wie man ist.

Wie viele Menschen verbringen ihre Zeit damit, sich für das zu entschuldigen, was sie sind, sich zu rechtfertigen, sich zu erklären und anzukündigen, was sie alles falsch – oder richtig – machen: »Ich habe keinen analytischen Sinn…«, »Ich bin nicht intelligent genug für…« Oder, weniger gezielt: »Meine Familie hat keine Begabung für Mathematik«, »Meine Eltern waren Bauern…«

Oder noch allgemeiner (und noch schockierender): »Frauen können nicht rückwärts einparken«, »Männer haben keinen Orientierungssinn«.

Die zentrale Frage in diesem Buch ist doch die folgende:

Wenn es zwischen Berufen und Fächern keine Hierarchie gäbe, wenn es die Angst nicht gäbe, bei einer Wissenslücke ertappt zu werden, wenn das schwere Gewicht der sakrosankten materiellen Sicherheit nicht wäre, wenn es keine verletzten Kinder gäbe… wenn Sie also die Wahl hätten… Wohin würde Sie – ganz ehrlich – Ihre Begeisterung tragen?

Was ist es, was Sie heute begeistert?

Giancarlo Ciarapica, mein Freund und Regisseur – und meine höchste Instanz in Sachen Theater – sagte mir eines Tages, er habe eine junge Schauspielerin kennengelernt, deren spezielles Talent ihn besonders berührt habe. Damals wusste ich nicht, dass uns ein paar Jahre danach unsere Wege zueinander führen würden, und wir heirateten.

»Alleine du weißt, was für dich gut ist« von Pauline Stern

»Wähle einen Beruf, den du liebst, und du brauchst keinen Tag in deinem Leben mehr zu arbeiten.« Konfuzius

Ich habe höhere Schulen besucht (nicht weil es mich interessiert hätte, sondern weil man es von mir erwartete), aber es war nicht das Studium, das mir den Beruf beigebracht hat, den ich heute ausübe.

Ich war eine gute Schülerin. Dazu fällt mir immer ein Satz von Catherine Baker ein, weil er in mir ein so starkes Echo ausgelöst hat, als ich ihn zum ersten Mal las: »Als ich klein war, war ich überzeugt, die Schule zu lieben (es gibt ja auch Rekruten, die die Armee lieben, nicht wahr…); wahr ist, dass ich gerne gelernt habe (man sagte mir, das könne man nur dort; ich war so leichtgläubig…).«[9]

Ich erinnere mich, dass auch ich die Schule liebte, als ich klein war. Ich war glücklich, zur Schule zu gehen – vor allem in den Jahren mit »guten« Lehrern, im Sinne von großzügig, offen, geduldig… Ich stand nicht gerne früh auf, um zur Schule zu gehen, aber ich liebte die Schule, weil ich dachte, sie sei der einzige Wissensort, und ich wollte wissen.

Mein Vater übt einen Beruf aus, der ihn seit jeher fesselt, der ihn aber gezwungen hat, oft umzuziehen. Meine Schwestern und ich sind an ziemlich unterschiedlichen Orten groß geworden, in großen und kleinen Städten, am Meer, in den Tropen, in den Bergen, in einem Vorort von Paris. In jeder neuen Schule mussten wir uns wieder anpassen und akklimatisieren – das hat kürzer oder länger gedauert, war mehr oder weniger schmerzhaft. Man musste sich alle zwei oder drei Jahre damit abfinden, die »Neue« in der Klasse zu sein, seinen

Platz zu finden in den schon bestehenden Seilschaften, den Kodex zu verstehen und zu übernehmen… nur um zwei Jahre danach von Neuem damit zu beginnen. Ich habe Landschulen und Spitzengymnasien kennengelernt, »schwierige« Mittelschulen in »sensiblen« Quartieren, eine Schule mit Uniformen, die von Nonnen geführt wurde.

Ein gutes Jahr, ein schlechtes Jahr, ich habe eine klassische Laufbahn gemacht: von einer guten Schülerin unter den mittelmäßigen wurde ich zur mittelmäßigen unter den guten.

Als im Gymnasium die furchtbare Stunde der »Wahl der Studienrichtung« nahte, war ich aufgrund meiner Noten in der Lage, jegliche Studienrichtung wählen zu können. Ich liebte die Literatur und die Sprache; ich hätte die literarische Richtung wählen können. Ich liebte es, das Räderwerk der Gesellschaft und des ökonomischen Gleichgewichts zu studieren, also hätte ich WS (Wirtschaft und Soziales) wählen können. Aber was wusste ich mit sechszehn Jahren schon vom Beruf, den ich dereinst ausüben wollte? Ich war unsicher und fühlte keine Berufung, man empfahl mir »N zu machen« (Naturwissenschaften), weil das die anspruchsvollste Richtung war, die alle Möglichkeiten einschloss, auch Literatur und Wirtschaft, während die anderen Richtungen als einschränkend empfunden wurden.

Ich habe mich also für Naturwissenschaften entschieden. Während des Schuljahres zogen wir wieder einmal um: von einer mittelmäßigen Klasse, in der ich eine gute Schülerin war, geriet ich in eine hervorragende Klasse – eine von der Sorte, die drei Monate Vorsprung auf den Lehrplan hat –, und ich wurde »kaum genügend«. Am Ende des Jahres war eine Neuorientierung notwendig. Ich wiederholte ein Schuljahr und wechselte zur Richtung WS. Ich fasste wieder Fuß und legte die Reifeprüfung auf einem anständigen Niveau ab.

Was beschäftigte mich neben dem Unterricht, der unumgänglich ist, und Freundschaften, die dazu dienen, den Rest anziehend zu machen, während meiner Jahre im Gymnasium? Nicht Sport, weit gefehlt, jedenfalls nicht der Sport, der angeboten wurde, mit Matches, die zu gewinnen waren, Punkten, die gezählt werden mussten, Wettkämpfen, an denen man teilnehmen musste, Training, das zu absolvieren war, Herausforderungen, die anzunehmen waren. Das ist wirklich nicht meine Welt.

Es war auch nicht mehr die Musik, nachdem ich mich geweigert hatte, infolge eines erneuten Umzuges einmal mehr den Geigenlehrer zu wechseln. Ich habe zehn Jahre lang freudlos Geige gespielt, Musikschulen und Konservatorien besucht, es war ein aufgezwungenes Fach, es war nie Selbstverwirklichung. Examen waren jedes Jahr zu bestehen, um auf dem nächsthöheren Niveau weitermachen zu dürfen – wie in der Schule. Ich erinnere mich, dass ich einmal in allgemeiner Musiklehre achtzehn von zwanzig Punkten bekam für den Gesang und eine Zwei für die Prüfung in Musiktheorie: im Durchschnitt ergab dies zehn von zwanzig Punkten, und ich habe bestanden. Wo war die Musik in dieser kleinkrämerischen Rechnerei, in diesen Stunden mühsam ausgeführter Tonleitern, in diesen niederschmetternden rhythmischen Übungen, in diesen Diktaten mit den Lücken, die man ausfüllen musste? Wie soll man sich für die zeitlosen Werke der großen Komponisten begeistern, wenn man ein Jahr lang an einem einzigen »Stück« arbeitet für die Vortragsübung am Ende des Schuljahres, ein Stück, das man »bearbeitet« wie mit einem Vorschlaghammer, das man gebetsmühlenartig wiederholt, *ad nauseam*, bis zur Erleichterung nach der Vortragsübung, sich von dieser Bürde endlich befreit zu haben? Es ging so weit, dass ich bestimmte Werke nicht mehr hören kann, ohne gleichzeitig den Namen jeder Note mitzuhören, der in mein Gehirn gehämmert worden war.

Das Einzige, was damals – abgesehen von den Freundschaften – zählte, war das Theater. Ich erinnere mich noch gut an die Französischstunde in der Mittelschule, wo ich zum ersten Mal ein Theaterstück in der Hand hatte: *Arzt wider Willen* von Molière. Wir mussten bis zur nächsten Stunde die zweite Szene des ersten Aktes auswendig lernen. Einige in meiner Klasse haben dies wie ein Martyrium erlebt, während ich mich nicht erinnere, je zuvor »Aufgaben« so schnell und ohne jede Anstrengung gemacht zu haben. Noch heute, fünfundzwanzig Jahre danach, habe ich den Text nicht vergessen. »Heda, heda! Pfui, das ist ja abscheulich. Der Teufel hol den Schlingel, dass er seine Frau so schlägt!«[10] Ich erinnere mich, als wäre es gestern gewesen, an jeden

Satz dieser Szene, aber auch an den Jubel, den ich empfand, als ich diese erste Türe aufgestoßen und die unendliche und faszinierende Welt der Theaterliteratur betreten hatte.

Später, in einer anderen Stadt, einer anderen Schule, spielte ich am Ende des Schuljahres in einemTheaterstück eine Szene aus der gleichen Komödie von Molière. Zwei Jahre danach, wieder anderswo, schrieb ich mich in den Theaterkurs des Gymnasiums ein, in das ich eben eingetreten war. Damals war es schon mehr als bloßes Interesse, es war eine Leidenschaft, die geboren wurde. Zwei Jahre rackerte ich mich ab, engagierte ich mich voll. Die oft allzu laue Teilnahme der anderen Mitglieder der Gruppe konnte ich nur bedauern, war untröstlich über die Absagen in letzter Minute, die in diesen außerschulischen Aktivitäten unvermeidlich sind. Es mag belanglos erscheinen, aber damals war es, als hänge mein Leben davon ab; mein Engagement und mein Anspruch überschritten alles, was ich bis dahin in anderen Bereichen je erlebt hatte.

Im letzten Jahr im Gymnasium wurden die Diskussionen mit meinen Eltern ab und zu stürmisch, insbesondere wenn ich mit meinem Vater über meine Zukunft redete; er verstand nicht, warum ich nicht ehrgeiziger war. »Theater ist gut, aber damit kannst du dir dein Leben nicht verdienen. Studiere, denn du bist dazu fähig, und danach, wenn du immer noch willst, kannst du Theater spielen. So kannst du sicher sein, dass du dir den Lebensunterhalt verdienen kannst, was auch immer geschieht.«

Diese Überlegung entbehrt nicht einer gewissen Logik. Die Logik des akademischen Erfolgs, der wirtschaftlichen Rentabilität, der »versicherungstechnischen Sicherheit« – wie sich ein »Mitglied der Elite« ausdrücken könnte, das ich nicht geworden bin. Es ist nun einmal geschehen, dass ich im Gymnasium eine Türe entdeckt und geöffnet habe zu meinem wirklichen »Element« um Sir Ken Robinsons[11] Buchtitel zu zitieren. Geschehen ist auch, was der Untertitel sagt: »Alles wird anders, wenn Du Deine Leidenschaft gefunden hast«.

Mit achtzehn war ich nicht bereit, alles zu ändern.

Brav unterzog ich mich der utilitaristischen Logik. Ich hörte auf,

Theater zu spielen, bereitete mich auf die Aufnahmeprüfung in eine berühmte Wirtschaftsschule in Paris vor und wurde aufgenommen.

Zu Beginn des Schuljahres freute ich mich riesig darauf, endlich wieder Theater spielen zu können im Rahmen des äußerst aktiven Vereins der Schule. Ich traf auf Menschen, die ebenso begeistert waren wie ich. Dank unserer professionellen Regisseurin erlernte ich die Grundlagen des Berufs einer Schauspielerin; dank der Begegnungen rund um unsere Aufführungen entdeckte ich eine andere Art von Theater. Es öffnete sich eine weitere Tür zu einer Welt, die weiträumiger ist, als ich sie mir vorgestellt habe.

Drei Jahre lang verharrte ich an dieser Wegkreuzung. Ich spürte, dass das Wirtschaftsstudium mir erlaubte, interessante Dinge zu erfahren, die in mir jedoch keinem wirklichen Interesse entsprechen. Ich spürte auch, dass das Theater, meine Arbeit als Schauspielerin, für mich lebenswichtig geworden waren. Und doch »muss man seinen Lebensunterhalt verdienen« und »klar habe ich nicht genug Talent«. Diese Phrasen kaschieren die sehr reelle Angst, sich auf etwas einzulassen, was einen möglicherweise scheitern lässt, einen Weg einzuschlagen, der nicht vorgezeichnet ist, auf dem man oft nicht weiß, »was zu tun ist«. So viele Vorwände, die dem *Hochstapler-Syndrom* Vorschub leisten.

Während der drei Jahre in der Wirtschaftsschule war das Theater mein wichtigstes Anliegen, alles andere wurde zweitrangig. Ich erinnere mich an den Tag, kurz vor dem Ende meines letzten Studienjahres, an dem meine Eltern mein »Zeugnis« bekommen haben. Mein Vater war amüsiert, dass er für seine volljährige Tochter immer noch ein Zeugnis bekam, öffnete das Kuvert mit theatralischen Gesten und beschrieb ausführlich den Inhalt. Mit Schmunzeln stellte er fest, dass ich eher durchschnittliche Noten bekommen hatte, in allen Fächern außer in denen, die direkt oder indirekt mit Theater oder Film zu tun hatten.

Mit dem Diplom in der Tasche nahm ich eine Stelle in einem multimedialen Unternehmen an. Meine erste »wirkliche«, bezahlte Arbeit. Am Ende des letzten Studienjahres bin ich eine Beziehung eingegangen mit einem Mann, dessen Leben ganz anders verlief. Ohne Diplom übte er mehrere Berufe aus, schrieb Musik für Tanz und Theater; sein

Teilhaber war ein Regisseur, der jahrelang für den Theaterverein meiner Schule gearbeitet hat. Gemeinsam haben sie angefangen, ein Stück zu schreiben, und sie suchten eine Schauspielerin für die einzige Rolle.

Am Tag, an dem ich den Arbeitsvertrag mit meinem Arbeitgeber unterschrieb, boten sie mir die Rolle an. Ich zögerte keinen Augenblick und sagte zu. Wenn diese zwei Profis, deren Arbeit ich kenne und schätze, mir die Rolle zutrauen, dann würde ich sie spielen. Ein Jahr lang arbeiteten wir gemeinsam an dem Stück. Diese Arbeit war nicht frei von Anstrengungen, aber es herrschte ein so großes gegenseitiges Vertrauen und eine derartige geteilte Begeisterung, dass die Anstrengung nicht schwer wog. Ich, die ich die Gymnastikstunden immer gehasst hatte, stand nun mehrmals pro Woche im Morgengrauen auf und ging schwimmen, nahm Tanzkurse... Mehrmals nahmen wir am Theaterfestival von Avignon teil, mit zwei, drei oder gar vier Vorstellungen pro Tag. Ein wunderbares Team, hinreißende und erschütternde Momente, große körperliche Anstrengung, die mich jedoch nie belasteten.

Und wieder hatte ich eine Türe aufgestoßen, diesmal zu einer Welt in Lebensgröße. Ich hatte eine berauschende Schwelle überschritten, die eine Umkehr beinahe ausschloss: Wie kann man zur Liebhaberbühne zurückkehren, nachdem man die Anforderungen, die Strenge, die Intransigenz eines Berufs erkannt hat, den man mit Begeisterung ausübt?

Mehrere Jahre führte ich ein Doppelleben, machte ich zwei Karrieren, bis ich nach und nach meine »offizielle« Arbeit an den Nagel hing und beschloss, mich ganz dem Theater zu widmen.

Ich bereue meine Wahl nicht. Ich bedaure auch nicht, dass meine Eltern Druck ausgeübt haben, damit ich studiere; dadurch bin ich zu dem geworden, was ich heute bin, habe ich an Offenheit gewonnen. In der Tat habe ich erst nach dem Abitur, nach dem Gymnasium und dank der Vorbereitung auf die Universität zum ersten Mal erfahren, dass die verschiedenen Disziplinen miteinander zu tun haben. Es war ein Teil des Unterrichts, fächerübergreifend zu denken und Geschichte, Literatur, Kunst etc. mit einzubeziehen. So wurden mein

Interesse und meine Neugier geweckt, was in der Mittelschule noch nicht gelungen war.

Und doch spürte ich erst nach der Schule, nachdem ich ins Berufsleben eingetreten war und – vor allem – nachdem ich den Beruf gewechselt hatte, wie sich mein Horizont erweitert hat: weil ich Menschen begegnet bin, die anders denken und handeln.

Diese Begegnungen, seien sie aus Fleisch und Blut oder Papier und Tinte, gaben mir Gelegenheit, neues Vertrauen und ein neues Bewusstsein aufzubauen. Die Konditionierung, Grundlage meines schulischen Erfolgs, bröckelte langsam. Früher klar gezogene Grenzen wurden unscharf: zwischen Körper und Geist, Handarbeit und Kopfarbeit, zwischen unterschiedlichen Denkweisen, zwischen dem, wofür ich »Talent« habe und dem, »was ich nicht kann«. Man hat mich immer als »Intellektuelle« bezeichnet – ein übles Wort, das einem an Haut und Haaren klebt und ins Gehirn eindringt. Ich habe in der Schule nie etwas von Nut und Zapfen gehört, habe nie gelernt, wie man mit einem Hammer umgeht oder gar mit einer Schere, und doch fand ich mich wieder in einem Atelier für den Bau von Saiteninstrumenten und baute mit eigenen Händen, wertvollem Holz und ohne vorherige Ausbildung eine Kindergitarre. Ich traf neue Entscheidungen. Ich beschloss, meine Kinder nicht in die Schule zu schicken und alle Produkte aus meiner Ernährung und der meiner Familie zu verbannen, die auf der Ausbeutung von Tieren beruhen.

Das ging nicht ab ohne Reaktionen aus meinem Umfeld: Unverständnis, Besorgnis, Misstrauen, Ablehnung. Ich fürchtete diese Reaktionen oft so sehr, dass ich nicht sofort zu meinen neuen Überzeugungen stand. Schnell lernte ich aber, was ebenso einfach wie wichtig ist: Es ist ein Gewinn, sich so zu zeigen, wie man ist, und nicht, wie die anderen einen gerne hätten. Diese Gewissheit trug mich, und ich sah, wie meine Angst schwand und grundlos wurde. Meine Entscheidungen gründeten nicht auf Launen, sondern waren Früchte lang gereifter Überlegungen, gründeten in tiefen und aufrichtigen Überzeugungen, mein Umfeld kann sie nur akzeptieren. Und sollte dies nicht der Fall sein, gehe ich lieber das Wagnis ein, wenig Gefallen zu finden, als auf meine Integrität zu verzichten.

Ich bereue nicht, studiert zu haben. Trotzdem frage ich mich oft: Was wäre gewesen, wenn ich früher den Weg zu meiner ursprünglichen Begeisterung gefunden hätte? Ich denke an die Energie und an das Geld, die dieses Studium gekostet haben, das einem anderen Menschen vielleicht großen Nutzen gebracht hätte, für mich aber nicht das Richtige war. Ich denke an die Zeit, die ich anderen Zielen hätte widmen können, der Aufnahme in die Theaterhochschule vielleicht, der Vorbereitung von Aufführungen; auf jeden Fall nicht der Schulbank dieser Schule, wo ich mehr als einmal von Langeweile heimgesucht wurde und lieber woanders gewesen wäre.

Heute, wenn ich arbeite, wenn ich spiele – ein herrlicher Beruf, in dem man sein Leben lang spielen kann –, langweile ich mich nie, nie möchte ich anderswo sein. Der Ehrgeiz, den ich mit 18 nicht hatte, weil er damals nur eine leere Worthülse war, hat für mich Sinn bekommen, seit ich meiner Begeisterung gefolgt bin und einen Raum entdeckt habe, der auf mich zugeschnitten ist.

KAPITEL 11
DAS MUSIKTRAUMA

Wir werden alle als Bürger der Welt der Musik geboren. Wir haben eine direkte, organische, angeborene Verbindung zu ihr. Jedes Kleinkind beginnt zu tanzen – sei es nur mit Finger- oder Zehenspitzen –, sobald es Musik hört, mit einer unwiderstehlichen rhythmischen Überzeugung.

Wie alle Kinder dieser Welt haben unsere beiden Söhne, sehr früh und noch bevor sie laufen konnten, mit Bewegung auf Musik reagiert. Beide haben auf die gleiche Art die Töne getanzt, standen zuerst still, um der Musik in ihrer Umgebung zuzuhören, um sie dann mit vertikalen Bewegungen des ganzen Körpers zu begleiten, mit den Knien als Feder, wenn sie standen, oder mit uns als Stütze, um ihre Beinchen zu bewegen, wenn wir sie auf unseren Armen trugen.

Jedes Kind empfindet Musik als natürlich, instinktiv, fraglos. Sie lädt ein, sie regt an, sie lässt Gefühle aufkommen, sie fördert die Begeisterung. Es gibt Kinder, für die sie mit dem Gefühl der Geborgenheit im Mutterleib verbunden scheint, als würde sie erlauben, dieses Gefühl wieder auferstehen zu lassen und das verlorene Paradies wiederzufinden.

Jedes Kind will musizieren.

Jedes Kind ist mit offenen Armen, voller Liebe und Unbefangenheit der Musik entgegengestürmt.

Der Aufprall war hart, wenigstens in unseren Breitengraden. Ein frontaler Zusammenstoß mit dem Begriff »Musikunterricht«. Eine Kollision, die uns unverzüglich aus unserer Bürgerschaft der Welt der Musik verbannt. Ein Einschlag, auf den eine gewaltige Lawine folgt, die aus all dem besteht, was man angeblich machen *muss*.

Eine Lawine, die in den meisten Fällen unter sich begräbt, was uns so kräftig angetrieben hatte. Dort stehen wir dann, unseres Elans und unserer Unbefangenheit beraubt. Vom Gefühl kolonisiert, *nicht auf der Höhe* gewesen zu sein, uns geirrt zu haben, als wir glaubten, es wäre einfach. Traumatisiert für das ganze Leben, weil das, was offensichtlich und universal zu sein versprach, sich als »zu schwer für mich« herausstellt.

Und wir glauben... wir sagen... »Ich liebe die Musik, spiele aber keine... weil ich nicht begabt genug bin... weil ich unmusikalisch bin... weil ich nicht diszipliniert genug bin, um so viel zu üben, wie ich müsste... weil ich die Musiktheorie nicht kapiere...«

So geschieht es, dass das Natürlichste sich gegen uns wendet. Was uns hätte dazu bringen sollen, allem Guten in uns zu begegnen, verwandelt sich in den Pfeil, der unser Selbstvertrauen zerstört.

Unsere Begeisterung für die Musik gehört zu den intimsten und zerbrechlichsten. Sobald sie sich in Arbeit verwandelt, verschwindet sie. Sobald die »Pflicht« ruft, meldet sich die Begeisterung ab.

Am Tag, als Pauline und ich in der 24. Schwangerschaftswoche in die Entbindungsstation gingen, wo unsere Hebamme arbeitete, habe ich besonders stark empfunden, wie sehr die »Pflicht« (dies oder jenes tun zu müssen, hier oder dort sein zu müssen, zu diesem oder jenem Zeitpunkt, dieser oder jener Erwartung entsprechen zu müssen, innerhalb der einen oder anderen Frist) uns niederdrückt und uns unserer Freiheit beraubt, jeden Tag, von Kindesbeinen an. Damals arbeitete Pauline in einer Firma, wo sie unter Stress stand. Wir gingen in die Entbindungsstation, weil wir beunruhigt waren; Pauline hatte viel zu früh hartnäckige Wehen. Nach einer kurzen Untersuchung sagte die Hebamme: »Ich werde dich krankschreiben, um dich von allem zu befreien, was du ›tun musst‹«. Für Pauline und mich war dieser Beschluss eine Befreiung, als hätte jemand plötzlich den Deckel vom Dampfkochtopf gelüftet.

Mit dem eigentlich besten Willen schafft es dennoch jeder, die Mauer zu bauen, an welcher die Begeisterung unserer Kinder in tausend Splitter zerplatzt.

- »Wir haben dir ein Klavier gekauft und zahlen dir teure Stunden, nun musst du fleißig üben, du musst dich anstrengen« (als müsste man Gewinn aus einer Investition machen: so viel Geld, wie man ausgegeben hat, so viele Musikstücke sollen zurückkommen).
- »Du bist gut, aber du übst nicht genug.«
- »Dieses Stück musst du bis zur Musikstunde nächste Woche auswendig spielen können.«
- »Heute keine Playstation, bis du deine Aufgaben gemacht und Geige geübt hast.«

Wir wollten mit den Emotionen der Töne spielen und stehen nun da, schwerfällig, mühsam und ohne Ende und lustlos die Noten einer Partitur lesend, die Takte und die Fehler zählend, die wir machen, gelähmt von der Angst, eine falsche Note zu spielen, alles mit dem zwanghaften und unfruchtbaren Ziel, einer Jury das unglückliche Stück am Ende des Schuljahres vorzuspielen.

Die Angst vor der Musiktheorie ist dieselbe wie die Angst vor Mathematik.

Wenn es auch wahr ist, dass diese Vorgehensweise bei einigen wenigen Früchte tragen mag, muss man doch feststellen, dass dies für die überwältigende Mehrheit der anderen nicht der Fall ist. Musiktheorie und Tonleitern, die so begeistern können, wenn man ihnen im richtigen Moment begegnet, werden dann widerborstig, furchterregend und verletzend – weil man sich unfähig fühlt, sie zu verstehen, sich dazu zu zwingen –, wenn weder die Art und Weise noch der Augenblick oder der Grund, weshalb wir uns mit ihnen beschäftigen, einem persönlichen Bedürfnis entsprechen.

Für mich war die Bekanntschaft mit der Musiklehre eine Erleuchtung, die jener von Monsieur Jourdain gleicht, als ihm aufging, dass er Prosa sprechen kann.[12] Töne, Halbtöne, Kreuze, b… und der ganze Rest, der immer komplexer wird: Die Musiklehre lieferte mir eine Erklärung für Zusammenhänge, die mir völlig vertraut waren. Eine solche Erleuchtung hatte ich schon erlebt, als ich die »grammatischen« Regeln entdeckte, denen Tag und Nacht unterliegen, die Mondphasen, die Jahreszeiten und die Bahnen der Planeten.

Ich zum Beispiel hatte wie alle anderen gewisse »Gesetze« des Griffbretts der Gitarre schon lange verinnerlicht: zum Beispiel, dass die Abstände zwischen den Bundstäben immer kleiner werden, je mehr man sich vom Kopf der Gitarre entfernt, und dass dies immer höheren Tönen entspricht. Oder dass ich beim zwölften Bundstab eine Oktave erreiche. Plötzlich entdeckte ich die theoretische Erklärung, die sich hinter dem versteckte, was ich jeden Tag ohne nachzudenken gemacht hatte: Wenn ich die Länge einer Saite halbiere, verdoppelt sich die Frequenz ihrer Schwingung und ich höre die Oktave! Das ist genau das, was geschieht, wenn ich auf die Saite drücke und sie das zwölfte Bundstäbchen berührt. Da es sich genau in der Mitte der Länge der Saite befindet, wird der Teil, der schwingt (also der Teil zwischen dem Bundstäbchen und dem Steg) halb so lang... und ich höre die Oktave.

Auf ähnliche Weise begegnete ich eines Tages zwischen den Seiten eines Buches der sogenannten 18er Regel, der von den Instrumentenbauern früher angewendeten Gleichung: Wenn ich die Länge der Saite durch achtzehn teile, erhalte ich ein Maß, das dem Abstand des ersten Bundstäbchens zum Sattel entspricht. Teile ich anschließend den Rest der Saite vom ersten Bundstäbchen an wieder durch achtzehn, kann ich bestimmen, wo das zweite Bundstäbchen hinkommt. Weil der Rest der Saite auf diese Weise immer kürzer wird, begriff ich endlich, warum der Abstand zwischen den Bundstäbchen immer kürzer wird, je mehr sie sich vom Kopf entfernen.[13] Das war so einleuchtend, so willkommen, so leibhaftig für mich, so passend zu meinem tief empfundenen Interesse, dass ich die Gleichung nie mehr vergessen habe.

Ein Mensch, der sich begeistert, reißt jeden Fetzen Information an sich, mit dem er in Berührung kommt, gleich einem Stück Erz, das unverzüglich veredelt wird, auf dass es seinen Platz einnimmt im bereits vorhandenen Verständnis und Wissen. Befindet man sich in diesem Zustand tiefempfundenen Interesses, stößt man überall auf Information: mitten in einem Film im Kino, auf der Werbung in der Metro, auf den Zeilen eines Wörterbuches, und heutzutage natürlich auch im Internet.

Ich erinnere mich an eine Fotografie auf einer Packung Saiten, die mir geholfen hat, eine bestimmte Technik des rechten Zeigefingers zu begreifen. Ich erinnere mich, komplexe Unterlagen verwendet und gewundene Wege eingeschlagen zu haben, mir Zugänge verschafft zu haben, die bestimmt weder die direktesten noch die effizientesten waren (wie zum Beispiel, die Hieroglyphen mit einem Faksimile des ersten Buches von Champollion[14] anzugehen). Da ich aber diese Vorgehensweisen selbst gewählt hatte, konnte ich vertrauensvoll weitergehen, ohne auch nur das kleinste Detail zu übersehen.

Wenn die Begeisterung uns gepackt hat, kommt es nicht mehr darauf an, woher die Informationen kommen. Auch die aus der Sicht einer Person, die sich für ein Thema nicht interessiert, widerborstigste aller Methoden verwandelt sich in eine Quelle der Erkenntnis für den Menschen, der mit ihr im richtigen Moment Bekanntschaft schließt.

Kürzlich fand Pauline, die die charakteristischen Verletzungen des Musiktraumas trägt, ein kleines Buch über Musiklehre wieder, unter dem sie sehr gelitten hatte, als sie jünger war. Antonin, ein Kind mit einer nicht domestizierten Musikalität, dessen Geist davon verschont wurde, irgendetwas auswendig lernen zu müssen, hat das Büchlein im Vorbeigehen in die Hand genommen, sich im Schneidersitz auf seinen Sessel gesetzt, das Kinn mit der Hand aufgestützt und aufmerksam zu lesen angefangen. Mit der Zeit wuchs seine Begeisterung und schließlich hob er den Kopf und sagte: »Dieses Buch ist genial, alles ist ganz klar, gut erklärt, wirklich interessant...«

Dieser Satz erstaunte Pauline besonders: »Für mich«, sagte sie mir, »war dieses Buch eine Folter, und wären die Seiten einfach blank gewesen, hätte ich den Inhalt nicht unverständlicher finden können... und nun findet mein Sohn dasselbe Buch ganz klar, sehr gut erklärt, sehr interessant, ganz einfach, weil er es auf seine Weise entdeckt hat, mit Begeisterung, im geeigneten Moment und völlig frei!«

Der Unterschied zwischen selbst gewählter und auferlegter Anstrengung ist besonders grausam, wenn es sich um Musik handelt. Wächst die Anstrengung aus der Begeisterung heraus, fühlt man sie kaum noch, sie wird so unverzichtbar und so unsichtbar wie das Knochenwerk des Schädels hinter den Gesichtszügen der Person, in die wir uns verliebt haben.

Im Gegensatz zu den rein intellektuellen Fächern, die – werden sie mit Begeisterung und dem bereits beschriebenen Interesse angegangen – keiner Wiederholung bedürfen, um begriffen und erinnert zu werden, verlangt die Musik – wie auch zum Beispiel Tanz und Sport – Übung. Der Körper ist vorzubereiten, anzupassen, davon zu überzeugen, das Instrument anzunehmen (es geht quasi darum, dass er das Pfropfreis nicht abstößt!), das Ohr ist zu schulen, und neuronale Netzwerke sind zu knüpfen.

Im Zustand der Begeisterung nimmt man die Übung nicht als solche wahr. Man strengt sich enorm an, ohne sich dessen bewusst zu werden, getragen vom Fluss der Musik, der Emotionen und des Spieles. Das Spiel! Die Tätigkeit, die uns erlaubt, unsere wertvollsten Qualitäten zu leben! Nicht umsonst sagen wir, dass wir Instrumente und Musik »spielen«! ... und der Körper verändert sich, die Finger lösen sich, die Musik fließt. Was gestern unmöglich war, geht heute wie von selbst, unsere innere Stimme sagt »ah... genau...« oder »ah, so geht das«, die Dinge verführen uns durch ihre Weise, ihren Platz zu finden, sie überzeugen uns, indem sie sich ineinander fügen.

Ich erinnere mich, dass ich die Gitarre so intensiv gelebt habe, dass ich sogar dann den Wunsch verspürte, aufzustehen und spielen zu gehen, während ich bereits am Spielen war! Ich habe dieselbe Tonleiter tausende Male gespielt und dabei meine linke Hand im Spiegel beobachtet. Ich habe die gleiche Passage einer Soléa von Montoya gehört und Note für Note wiederholt – bis es für meine Umgebung unerträglich wurde – und dabei nicht bemerkt, dass ich mich schon seit zwei Stunden darin vertieft hatte. Ich habe ebensowenig bemerkt, dass mir die Fingerspitzen wahnsinnig wehtaten, obwohl ich schon Hornhaut hatte. Seit dreißig Jahren spiele ich Tag für Tag dieselben Übungen, die ich für mich entwickelt habe, ohne dass ich ihrer überdrüssig würde. Ich ehre sie, sie geben mir Sicherheit.

Ich habe ein Kleinkind beobachtet, wie es völlig konzentriert alle akustischen und physischen Facetten eines einzigen Klangstabs des Xylophons untersuchte. Ich war gerührt, wie offenherzig und ausschließlich das Kind sich dieser Tätigkeit hingab. Und ich war besonders unglücklich, als sein Vater sagte: »Wenn man ihn nicht ein bisschen antreibt, wird er sich damit zufrieden geben, zwanzig Jahre lang dieselbe Note zu spielen«... Na und? Wer kann mit Sicherheit erklären, dass dies nicht auch eine Form der Musik ist? Und wenn er zwanzig Jahre lang mit authentischer Freude diese einzige Note gespielt hat, hat er dann keine »Musik gespielt«? Ich weiß, dass dieser Vater aus Liebe so denkt, sich so äußert und so handelt. Er will, dass sein Sohn sich entwickelt, dass er Fortschritte macht, dass er »gut« wird, dass er eines Tages sagen kann: Dank meines Vaters habe ich Fortschritte gemacht. Es ist gut gemeint, aber es ist furchtbar.

Als er zwei Jahre alt war, hat Antonin beinah jeden Tag *Die Zauberflöte* von Mozart gehört, vom Anfang bis zum Ende. Das hat mehrere Monate gedauert, und ich war die ganze Zeit beeindruckt von seiner Ausdauer, seiner Konzentration und seiner nie ermüdenden Begeisterung. Während der zwei Stunden und siebenunddreißig Minuten, die die Oper dauert, hat er nie aufgeschaut, hat sich praktisch nicht bewegt, hörte und schaute mit seinem ganzen Körper zu, bis in die Spitzen seiner kleinen Finger, obwohl er schon jeden Ton kannte. Vergessen wir nicht, dass sich die Begeisterung oft durch eine unermüdliche Wiederholung ausdrückt.

Alles begann mit einem einfachen Ausschnitt auf Video, den ihm seine Mutter gezeigt hatte. Er liebte Glöckchen, weshalb sie die Szene der Oper ausgesucht hatte, in der Papageno sich seines Glockenspiels bedient. Antonin gefiel es sehr, und er gab ihr zu verstehen, dass er den Ausschnitt wieder sehen wollte. Dann wurde ihm klar, dass es noch weiterging, und er wollte sehen, wie. Als er dann begriff, dass die Oper schon vor dem Ausschnitt begonnen hatte, wollte er auch sehen, worum es vorher ging. Auf diese Weise ergatterte er sich jeweils ein paar Minuten mehr vor und nach dem ursprünglichen Ausschnitt und schaute schließlich die ganze Oper.

Etwas später zeigte ihm sein Opa die Ouvertüre zu *Egmont* von Beethoven, dirigiert von Herbert von Karajan. Antonin ahmte die Bewegungen und die Begeisterung des Dirigenten nach. Wieder wollte er das Werk jeden Tag sehen und hören, und er dirigierte millimetergenau mit, in einer perfekten Gestik – wie das viele Kinder tun.

Wieder etwas später war Pauline zu Proben in Südfrankreich und ich allein mit Antonin. Dank einer Empfehlung bei YouTube nach dem täglichen *Egmont*-Video entdeckte er die *Coriolan*-Ouvertüre von Beethoven. Er hörte sie mehrmals an, und ich bemerkte nichts Besonderes. Nach dem Abendessen badete ich ihn, half ihm, sich für die Nacht vorzubereiten und legte ihn in unser großes Familienbett. Das war unser tägliches Ritual. Doch statt einzuschlafen, begann er die ersten, besonders lebhaften Takte von *Coriolan* zu singen. Er lag auf dem Rücken und dirigierte zuerst mit den Armen, dann markierte er die abrupten Pausen zwischen den ersten Takten, indem er die Beine hob und mit aller Kraft wieder fallen ließ. Das ganze Bett wackelte und er wiederholte diesen Anfang unendlich viele Male.

Einschlafen konnte er erst viel später. Mir wurde bewusst, dass es das erste Mal war, dass er eine Musik sang, die es wirklich gibt. Und ich sagte mir, dass es vielleicht besser wäre, *Coriolan* am Abend zu vermeiden…

Mein Freund Jean-François Bernardini ist ein Wesen voller Liebe und Poesie im Körper eines Rockers. Was mir zuerst an ihm aufgefallen ist, war der engagierte Redner, der mit dem weichen Akzent der Korsen die Stimmen aller Gewaltopfer dieser Erde trug. Bald darauf habe ich den Musiker entdeckt, eingebettet in seiner goldenen Gruppe. »I Muvrini« hoben ihr Publikum empor, und zwischen Jean-François und Antonin entstanden starke Bande. »Abgeordneter des Ministeriums der Hoffnung« nannte Jean-François ihn eines Abends, nachdem sie auf der Bühne einen ergreifenden Moment geteilt hatten.

»Die Begeisterung, eine Flamme, die gerettet werden muss« von Jean-François Bernardini

Mir Feuer sein…

Meine erste Gitarre; mit ihr habe ich diese innere Stärke entdeckt, die in mir ungeahnte Kräfte freisetzen konnte. Dieser verrückte Drang, sie zu zähmen. Eine Eingebung, ein Atem, das Erwachen einer vitalen Energie, die einige Saiten unserer inneren Harfe entdeckt und sich mit ihnen vereinigt.

Begeisterung: dieses Feuer, das im Haus der Seele brennt, und dank welchem ein jeder von uns zu einer Quelle wird.

Dieses Licht in uns zu entdecken ist eine Gnade, ist Lebenskraft. So viele Male habe ich es in den Augen von Hunderten, Tausenden Jugendlicher gesehen, die ihre wahre Natur wieder entdeckten und die faszinierende Kraft der gewaltlosen Werte und des gewaltlosen Kampfes. Eine Lebensausrüstung für alle, die leidenschaftlich nach Lösungen suchen.

Die Griechen haben der Menschheit eines der schönsten Worte hinterlassen: »en theo – Gott in uns«; die Natur hat uns alle mit diesem Heiligtum ausgestattet, dieser Einladung, unsere Essenz auszuleben.

Begeisterung ist kein Strohfeuer, sie ist eine Flamme, die gerettet werden muss, und die uns rettet.

Wir spüren innerlich, wie sie aufsteht und marschiert – und das ist ansteckend.

KAPITEL 12
SKEPTISCHE STIMMEN

Laufen wir nicht Gefahr, uns für »schlechte Dinge« zu begeistern (Drogen, Alkohol, Fernseher, Spiel etc.) und davon abhängig zu werden?
Ich bin der Auffassung, dass so oder so die Abhängigkeit nur ein Symptom ist. Die Ursache ist anderswo, und es ist eher sie, die uns beunruhigen sollte.

Es ist tatsächlich beunruhigend, wie tief gewisse Kinder in die virtuelle Welt eintauchen (Videospiele, soziale Netzwerke etc.). Es fällt sogleich auf, dass sie daraus niemals mehr auftauchen möchten, wenn es nach ihnen ginge.

Die Welt der Informatik wirkt wie ein schwarzes Loch, und man rät den Eltern gewöhnlich, ihre Kinder soweit wie möglich davon fernzuhalten. Die alltägliche Beobachtung scheint unweigerlich zu bestätigen, welch unwiderstehliche Anziehungskraft die virtuelle Welt auf unsere Kinder hat. Somit scheint ihre Gefährlichkeit erwiesen zu sein. Und doch: daraus zu folgern, die virtuelle Welt sei gefährlich, verwechselt Ursache und Wirkung, ein bisschen wie im Witz, wo ein Weiser (der nicht vegan ist…) einem Floh ein Bein ausreißt, und ihm dann befiehlt, zu springen. Nachdem der Floh gesprungen ist, reißt er ihm ein zweites Beinchen aus und schaut zu, wie er auf sein Kommando wieder springt. So fährt er weiter fort, bis er ihm alle Beine ausgerissen hat und der Floh trotz seines Kommandos nicht mehr springt, was ihn zu der Folgerung verleitet: »Reißt man einem Floh sechs Beine aus, wird der Floh taub!«

Wenn sich ein Kind stärker für die virtuelle Welt begeistert als für die »reale«, wird die virtuelle Welt dadurch nicht zu einer Gefahr. Um jedoch zu verstehen, warum die Abhängigkeit nur ein Symptom ist und weshalb die Gefahr anderswo steckt, müssen wir eines wissen oder uns ins Gedächtnis rufen: Jedes Kind will ein Held sein.

Jedes Kind will ein Held sein.

Schauen wir uns seine Welt genauer an. Das Leben eines Kindes ist typischerweise aufgeteilt in zwei Hälften: die Zeit, die es in der Schule, und die Zeit, die es zu Hause verbringt. Solange die Haltung und die Paradigmen der Kindheit gegenüber so bleiben, wie sie sind, kann das Kind in der Schule kein Held sein. Das ist nicht die Schuld der Schule, ich wiederhole es: Es handelt sich um eine allgemeine Einstellung, von der die Schule so wenig ausgenommen ist wie andere Bereiche. Auch gute Schülerinnen und Schüler können nicht in jedem Fach brillieren, zumindest nicht immer. Und werden sie von der Lehrerschaft als Helden gefeiert, ist es sehr wahrscheinlich, dass sie es für ihre Kameraden nicht sind. Ganz zu schweigen von den schlechten Schülerinnen und Schülern, die gedemütigt werden, ausgeschlossen, verspottet…

Zum Glück, könnte man denken, ist da noch die andere Hälfte. Aber solange auch dort die Paradigmen und Haltungen bleiben, wie sie sind, bewahrheitet sich, dass es auch zu Hause unmöglich ist, eine Heldin oder ein Held zu sein. Und das beginnt schon so früh, ohne dass wir es merken! Nehmen wir nur allein die typische Frage, mit der sich junge Eltern konfrontiert sehen: »Und, schläft es durch?« Diese Frage wird zum Schicksal des Kindes, weil ab dann seine Eltern sich nicht mehr frei fühlen. Wenn die Frage immer wieder gestellt wird, dann ist es doch wichtig, dass das Kind durchschläft, aber da das Kind das mit Sicherheit nicht tut, denken die Eltern, sie seien schlechte Eltern, die gerade dabei seien, etwas Wichtiges zu verpassen. Unbewusst (aber vergessen wir nicht, dass die nonverbale Sprache diejenige ist, die Säuglinge am besten verstehen) vermitteln sie ihrem Kind die Botschaft, sie *würden es mehr lieben,* wenn es *länger schlafen würde,* wenn es durchschlafen würde… wenn es sich ändern würde, wenn es dem entsprechen würde, was man von ihm erwartet.

In welcher Welt ist es möglich, ein Held oder eine Heldin zu werden, sofort und bedingungslos? Ohne warten zu müssen, »größer« zu werden, ohne sich anstrengen zu müssen, ohne Fortschritte machen zu müssen? In der virtuellen Welt! Abgesehen davon, dass das Bedürfnis, sich als Held zu fühlen, befriedigt wird, bietet die virtuelle Welt, in der die schulischen Leistungen keine Bedeutung haben, einen geschützten und intimen Raum (weil zum Beispiel die Eltern nichts davon verstehen, was dort geschieht), der zulässt, dass man sich begeistern und spielen kann, ohne diskriminiert zu werden, weder wegen des Alters, der Hautfarbe, des Geschlechts noch der Herkunft – und Zeichen und Abzeichen von Anerkennung zu ernten. Es ist leicht zu verstehen, weshalb das Kind diese Welt nicht mehr verlassen will, wenn es einmal auf den Geschmack gekommen ist.

Gefährlich ist deshalb nicht die virtuelle Welt, sondern die »reale« Welt, in der das Kind sich als Opfer einer der unsichtbarsten Diskriminierungen fühlt, der Altersdiskriminierung. Diese überraschende Feststellung führt zur Eröffnung einer völlig neuen Baustelle: ab sofort die beiden Teile der analogen Welt unserer Kinder so zu gestalten, dass sie ebenso attraktiv werden wie die virtuelle Welt!

Agismus, die Altersdiskriminierung, ist überall… Wir sehen es nicht, weil wir so sehr daran gewöhnt sind… So gibt es zum Beispiel grobe Ausdrücke, zu grob, um von Kindern ausgesprochen zu werden (dabei sind sie auch für Erwachsene zu hässlich). Der Satz »Das ist kein Wort für Kinder« wirkt auf Kinder diskriminierend. Was wäre, wenn ich sagen würde, Frauen sollten gewisse Flüche nicht gebrauchen?

Man begeistert sich für »Schlechtes« doch nur, wenn es einladender und lohnender ist, als das »Gute«.

Sich anstrengen zu müssen ist wie essen zu müssen, wenn man keinen Appetit hat. Der Appetit fehlt, weil das Essen nicht gut ist oder zur falschen Zeit serviert wird. Wenn uns etwas begeistert, müssen wir uns nicht anstrengen.

Fortschritte machen zu müssen, heißt lernen zu müssen, dass der gegenwärtige Zustand dem, der darauf folgt, unterlegen ist. So beginnt man, etwas »werden« zu wollen, statt zu »sein«. Man fängt an, davon zu träumen, den gegenwärtigen Zustand zu verlassen, weil er weniger befriedigend ist als der folgende. Man macht sich auf den Weg in der Hoffnung, das Gras in Nachbars Garten sei grüner… und immer grüner mit jedem weiteren Garten.

Besteht nicht die Gefahr, dass sich das Kind für alles Mögliche begeistert, ohne je etwas zu Ende zu bringen?

Es ist unmöglich, sich in mehreren Begeisterungen »zu verlieren«: wir haben in uns nur eine einzige Begeisterung. Sie kann sich gleichzeitig auf mehrere Gegenstände konzentrieren, oder auf einen nach dem anderen. So erleben das die Kinder, die von einem Gegenstand zum anderen gehen, ohne den Fluss ihrer Begeisterung je einzudämmen; sie lassen sich von einem Interesse zum anderen treiben, je nach Begegnungen, oder nach Zusammenhängen zwischen den Gegenständen. Als Kind bin ich vom tschechischen Komponisten Antonin Dvořák zu seinem Freund und spirituellen Meister Johannes Brahms gewechselt. Da Brahms einige Zeit in Thun in der Schweiz gelebt hatte, habe ich diese Stadt anlässlich einer Reise mit besonderem Interesse besucht, was uns weiter nach Meiringen führte. Dort entdeckte ich die riesige Seilbahn, die mich lange Zeit beschäftigte, auch deshalb, weil sie zu einer anderen, kleineren Seilbahn führte, deren riesiges waagrechtes Rad, die Kabel und das komplexe System von An- und Ablegemanövern der Kabinen ich beobachten konnte. Ich habe mich gefragt, welchen Durchmesser und welche Spannung das Kabel hat und welche Leistung das Rad erbringen musste … und was ist der Unterschied zwischen der Leistung und dem Drehmoment? Und was ist eigentlich eine Pferdestärke genau? Hat sie wirklich etwas mit einem Pferd zu tun?

Heute, etliche Jahrzehnte später, bleibt Antonin Dvořák einer »meiner« wichtigsten Musiker (unser älterer Sohn trägt seinen Vornamen). Ich kenne noch immer jedes seiner Werke und die Einzelheiten seiner Biografie, und ich habe auch nicht vergessen, dass eine Pferdestärke der Fähigkeit entspricht, fünfundsiebzig Kilogramm mit der Geschwindigkeit von einem Meter pro Sekunde zu bewegen. Diese originelle Formel habe ich übrigens im illustrierten rosaroten *Petit Larousse* meiner Mama gefunden, einem komplexen Werkzeug, das den Eindruck vermittelte, es enthalte das ganze Universum zwischen seinen zigarettenpapierdünnen Seiten. Dieses Wörterbuch war ausschlaggebend für viele meiner Interessen, diente oft der ersten Annäherung und verlangte mir stets große Konzentration und Ausdauer ab, weil der gedrängte Text viel Überlegung verlangte, Vorstellungskraft und oft Metaphorisierung. Es war fast zufällig, dass ich lernte, mich seiner zu bedienen: Ich beobachtete Mama, wie sie ein Wort suchte und dabei die Seiten umblätterte. Damals konnte ich verkehrt herum lesen; ich saß ihr gegenüber und sah die Worte und Illustrationen vorbeiziehen und hätte Lust gehabt, sie zu bitten, mir die Zeit zu lassen, um alles zu lesen und anzuschauen. Trotzdem fuhr ich fort, sie zu beobachten, während sie sich dem zu suchenden Wort näherte, wie sie es dann las und dazu nickte… das Wörterbuch schloss und zurückstellte. So habe ich gelernt, dass ich es gebrauchen konnte, um die ganz genaue Erklärung eines Wortes zu finden. Später, als ich es selbst in der Hand hatte, fand ich bestätigt, dass man es auch Seite für Seite lesen konnte (so entdeckt man die Korrelation zwischen den Wörtern) oder von Wort zu Wort »surfen«: von der Pferdestärke zum Dampf, vom Dampf zum Gas, vom Gas zum Festkörper, vom Festkörper zur Sublimierung, von der Sublimierung zur Flüssigkeit, von der Flüssigkeit zum Zustand der Materie, von der Materie zum Molekül, vom Molekül zum Atom, vom Atom zur Schwerkraft, von der Schwerkraft zu Newton, von Newton zu Einstein, von Einstein zum Weltkrieg von

1914–1918… und dies alles in einem einzigen Strom von Begeisterung, also der Aktivierung der emotionalen Zentren.

Denken wir daran, dass der Strom der Begeisterung, der während einiger Stunden oder Tage fließen kann, genügt, um viel mehr Informationen über einen Gegenstand zu sammeln (und für immer zu behalten) als in einem ganzen Jahr der Wiederholungen und wöchentlichen Lektionen, die erduldet und nicht selbst gewählt sind (was, wie wir wissen, dazu führt, dass die Informationen vergessen werden und allzu oft die Beziehung zum Gegenstand traumatisch wird).

Das Kind geht *immer* bis ans Ende dessen, was ein Gegenstand ihm gerade bringen kann. Es ist alles andere als flatterhaft und handelt wie ein Sammler und Jäger im üppigen Wald seiner Begeisterung. Da die Information lebendig bleibt, kommt es oft auf einen Gegenstand zurück, mit dem es sich früher beschäftigt hat, oft auf dem Umweg eines Berührungspunktes. Es empfindet dabei die faszinierende Kohäsion der Welt und erweitert mit jeder Annäherung das dreidimensionale Netz seiner Kenntnisse.

Nicht »auf den Grund zu gehen« ist eine typische Krankheit derjenigen, deren Begeisterung umgeleitet wurde. Sie haben die Erfahrung gemacht, dass das, was sie interessiert, nicht zu den Prioritäten des Programms passt, an das sie sich vollständig gewöhnt haben – obwohl es ihnen am Anfang oft als willkürlich festgelegt erschien und ihren Neigungen, Rhythmen und individuellen Ritualen keine Rechnung trug.

Erstaunt stellt man übrigens fest, dass diejenigen, die vor der Gefahr der »Verzettelung« warnen, denen Kinder ausgesetzt sein sollen, die ihrer Begeisterung überlassen werden, ausgerechnet die Anhänger eines Erziehungssystems sind, das sich mit einer Kultur der Vorschau auf eine Schar von Fächern begnügt, die als »Schlüsselkompetenzen« definiert werden. Genau so wird die Aufmerksamkeit zersplittert und *Dienst nach Vorschrift* eingeübt.

Die Tanzlehrerin zum dreijährigen Jungen, der mitten unter ihren Schülerinnen sitzt:
»Wie du siehst, ist dieser Kurs ein Kurs für die Großen.« Der kleine Junge, mit Überzeugung:
»Ich bin groß!«
Die Lehrerin, amüsiert:
»Das stimmt. Aber wie du siehst, ist dieser Kurs ein Kurs für Mädchen.«
Der kleine Junge, ohne zu zögern:
»Ich bin ein Mädchen!«

Irène und ich haben uns vor einigen Jahren in der Provence an einem heißen Sommertag im Hause eines gemeinsamen Freundes kennengelernt. Ihre umsichtige, fürsorgliche Art, auf die anderen Lebewesen einzugehen, hat mir großen Eindruck gemacht, so wie ihr trockener, feinsinniger Humor. Daraufhin haben wir oft korrespondiert, und sie erzählte mir, dass sie immer mit Sprachen und Übersetzungen beschäftigt sei. Und so kam es, dass sie Texte von mir und später ganze Bücher übersetzt hat. Weil ich auf deutsch und auf französisch schreibe, weiß ich nur zu gut, wie schwierig es ist, nicht nur den Sinn, sondern auch die Form, die Stimmung eines Autors von einer Sprache in die andere zu übertragen. Übersetzungen haben mich oft enttäuscht, kürzlich sogar in Verzweiflung gestürzt. Und dann kam Irènes Arbeit, sie wirkte wie Regen in der Wüste, brachte mir Erleichterung und das Gefühl des Vertrauens.

»Während ich übersetze…« von Irène Maeder

Meine Mutter wurde im August 1916 geboren. Im Juli 1931 wurde sie mit dem Segen der Behörden aus der Schule genommen, um für den verwitweten Vater, die zwei älteren Schwestern und die zwei jüngeren Schwestern die Hausarbeit zu erledigen. Die vier Schwestern erlernten alle einen Beruf, meine Mutter nicht. Als sie zu Hause nicht mehr gebraucht wurde, verdingte sie sich in einer Metzgerei in Aigle im Wallis, wo sie am Sonntag frei hatte, was jedoch nur hieß, dass sie für die Madame im Salon sticken und stricken musste, auf einem Schemel ohne Rückenlehne. Zurück in Zürich arbeitete sie in renommierten Feinkostgeschäften und brachte es – ohne Ausbildung – bis zur Filialleiterin. Ihr Lebenstraum war zu heiraten, Kinder zu bekommen und Hausfrau zu sein. Das war sie mit Leib und Seele, hat ihre künstlerische Ader mit Sticken, Nähen, Kochen und Backen ausgelebt. Sie war glücklich und zufrieden. Es wäre naheliegend gewesen, sie zum Vorbild zu nehmen in der Zeit, als ich heranwuchs.

Mein Vater war das zehnte von zwölf Kindern. Seine Eltern haben allen zwölf Kindern eine Ausbildung bezahlt, Mädchen wie Knaben. Damals musste man für eine Lehre in einem handwerklichen Beruf noch Lehrgeld zahlen, außerdem waren es Krisenzeiten. Mein Vater hat Mechaniker gelernt, und es hat ihm nicht gefallen. Seinen Traum vom sozialen Aufstieg hat er in der Armee verwirklicht, als Milizoffizier und als Beamter im Militärdepartement. Die starren Strukturen dieser Männergesellschaft entsprachen seinem Charakter, den er in gleicher Weise auch zu Hause auslebte. Meine Mutter unterzog sich dem strengen Regime, ich hingegen wurde zur Rebellin. Zeit seines Lebens hatte mein Vater den Eindruck, er wäre zu Höherem bestimmt gewesen, zum Beispiel zu einer Akademikerlaufbahn, die ihm verwehrt worden sei.

Meine Kindheit in dieser patriarchalischen Familie war Gehorsam, Zucht und Ordnung. Ich las gerne, aber die wenigen Bücher im Hause meiner Eltern – auch die verbotenen – waren bald ausgelesen. In der Bibliothek durfte man jeden Samstag ein Buch ausleihen, doch die Bücher aus meiner Alterskategorie langweilten mich. Zum Glück hatte ich eine ältere Schwester: Ich holte ein Buch aus ihrer Kategorie und eines aus meiner, so konnte ich wenigstens zwei Bücher pro Woche lesen.

Ich hätte gerne Sport getrieben. Schwimmen im Sommer, Eislaufen im Winter, Skifahren, Volleyball, Tennis, alles hätte ich gerne gemacht, außer Sonntag für Sonntag mit den Eltern wandern zu gehen, möglichst lange und über Stock und Stein, um uns Kindern beizubringen, wo unsere Grenzen sind. Wir wohnten neben dem Tennisplatz, neben dem Schwimmbad und neben der Eisbahn, aber es war nichts zu machen, ich durfte oft nur zuschauen.

Ich hätte gerne so viel wie möglich gelernt und studiert. Obwohl wir oft umzogen und ich elfmal die Schule wechseln musste, war ich eine gute Schülerin und hätte die Aufnahme ins Progymnasium ohne Prüfung geschafft, aber ich durfte nicht hin. Es gab damals drei Möglichkeiten für die Mittelstufe: Primarschule, Sekundarschule oder Progymnasium. Für Sekundarschule und Progymnasium war eine Prüfung abzulegen, oder aber die Lehrerinnen und Lehrer empfahlen die Aufnahme ohne Prüfung. Was entschieden meine Eltern? Keine Sekundarschule, kein Progymnasium. Ich verblieb in der Primarschule. Der Versuch meiner Eltern, meine Begeisterung endgültig zu besiegen, war vorerst erfolgreich. Ich wurde apathisch, gleichgültig, heute würde man sagen depressiv. Meinen Lehrerinnen und Lehrern ist es zu verdanken, dass ich dann doch noch die Sekundarschule besuchen durfte. Am Ende der obligatorischen Schulzeit dasselbe Drama noch einmal: Ich wäre gerne ins Gymnasium gegangen, mein Vater sprach sein Veto aus. Und wieder waren es meine Lehrerinnen und Lehrer, die sich über das Veto meines Vaters hinwegsetzten und mich einfach zur Aufnahmeprüfung für das Gymnasium anmeldeten, egal, ob es meinem Vater passte oder nicht. Er prophezeite, ich würde es ohnehin nicht schaffen. Aber ich schaffte es. An der Maturafeier war auch mein Vater zugegen, mit stolzgeschwellter Brust, weil seine Tochter auch noch einen Preis gewonnen hatte. Das war seine Show für das Publikum, aber ich wusste es besser: nicht nur sollte ich nicht studieren, ich sollte vielmehr arbeiten gehen, um wenigstens einen Teil der Kosten zurückzuerstatten, die ich meiner Familie verursacht habe, durch meine bloße Existenz. Mein Vater war mir böse, weil ich geschafft hatte, was ich wollte, gegen seinen Willen. Also ging ich arbeiten, als Sekretärin.

Das Gesetz sprach jungen Menschen – unabhängig vom Einkommen der Eltern – ein Stipendium zu, wenn sie fünfundzwanzig Jahre alt waren, einen Berufsabschluss aufweisen konnten und mindestens fünf Jahre gearbeitet hatten. Mit fünfundzwanzig kündigte ich meine Arbeitsstelle, beantragte ein Stipendium und schrieb mich an der Universität ein. Das Stipendiengesuch wurde abgelehnt, ich rekurrierte, ich bekam Recht. Ich arbeitete weiter, wenn auch nur noch Teilzeit, schloss mein Studium ab und wurde Anwältin, machte mich selbstständig und wurde später zur Stabschefin der Exekutive der Stadt Bern gewählt. Ich wollte unbedingt studieren und höhere Schulen besuchen. Erst als ich schon Jura studierte, wurde mir klar, dass es mein Gerechtigkeitssinn gewesen war, der mich dieses Studium wählen ließ. Recht und Gerechtigkeit, die Formulierung und Anwendung gesetzlicher Regeln für ein friedliches Zusammenleben innerhalb der Gesellschaft waren meine Leidenschaft.

Ich hatte von Kindesbeinen an noch eine weitere Leidenschaft außer Lesen und Lernen: Musik. Ich wollte Klavier spielen, durfte ab und zu bei einem Nachbarn klimpern, dabei blieb es. Es sei zu teuer. Dann wünschte ich mir sehnlichst eine Klarinette, deren Klang mich bezaubert hatte, als ich sie im Radio hörte. Jahrelang wünschte ich mir zu Weihnachten eine Klarinette. Ich bekam sie nie. Eine Blockflöte bekam ich, mit ihrem dünnen Klang, darauf brachte ich mir ein paar Melodien bei, aber gefallen hat sie mir nie. Dass ich auch noch gerne Cello gespielt hätte, wagte ich schon gar nicht zu sagen. Klavier, Klarinette, Cello – ein Traum, der sich nie erfüllte.

Im Gymnasium sang ich im Chor, als Erwachsene nahm ich Klavierstunden, spielte eine Zeitlang Geige und studierte jahrelang Gesang. Und heiratete einen Mann, Marco, dem Musik alles bedeutet hat. Marco lebt nicht mehr, aber die Musik – und nicht nur sie – verbindet uns noch heute.

Warum erzähle ich das? Es ist ja alles schon vorbei, liegt weit zurück. Ich erzähle es, weil ich gerade das Buch von André Stern übersetze und mich dabei fühle, als bekäme ich Luft, als bliese ein frischer Wind den Staub von meiner Kindheit und lege die grenzenlose und überwältigende Begeisterung frei, die ich in mir gehabt haben muss, die mich alle Hindernisse überwinden ließ, damals und oft seither, und mich zu einem Menschen hat werden lassen, der von sich sagen kann: Glück und Erfüllung sind mir zugefallen, aber ohne den Antrieb dessen, was ich lange »Wille« genannt habe und heute – dank André – »Begeisterung« nenne, hätte ich wohl nicht überlebt.

Ich erzähle es auch, weil meine Eltern sicher glaubten, das Beste für mich zu wollen und zu tun. Sie wünschten sich vermutlich, dass ihre Tochter sich problemlos in eine Gesellschaft einfüge, die den Frauen damals wenig zugestand, nicht einmal das Stimmrecht.[15] Sie spürten und erlebten, dass ich eine Rebellin war, und versuchten, meinen Widerstand zu brechen, in der festen Überzeugung, dass das Glück in der Anpassung an gängige Vorstellungen liegt. Sie irrten sich.

Ich hatte Glück – und heute kann ich diesem Glück auch einen Namen geben: Begeisterung. Sie war nicht zu unterdrücken, nicht auf Dauer, nicht endgültig.

Mit dem Tod meines Mannes sind mir Begeisterung und Leidenschaft abhandengekommen. Wohin die Begeisterung verschwindet, wenn der Partner stirbt, und wo man sie allenfalls wiederfinden kann, dieses Buch hat André noch nicht geschrieben.

KAPITEL 13
DIE »NEBENEFFEKTE« DER BEGEISTERUNG

Wenn wir unsere Begeisterung voll ausleben dürfen, sind wir nicht nur zu größeren Anstrengungen fähig, zu mehr Mut und unerschütterlicher Beständigkeit, wir werden auch zu regelrechten Schwämmen. Oder noch genauer gesagt: Wir entwickeln eine magnetische Anziehung gegenüber jedem Fragment von Information, das in die Nähe kommt. Das erinnert mich an den Vorgang der Akkretion, wenn ein Planet entsteht. In einer unendlichen Wolke verschiedenartigster Informationen bringt der Geist einige von ihnen dazu, sich zu vereinen und ein erstes Klümpchen Wissen zu bilden, das man Interesse oder Aufmerksamkeit nennen könnte. Das ist der typische Moment, in dem zum Beispiel eine schwangere Frau feststellt, dass die Welt voller schwangerer Frauen ist. Es ist der Moment, den wir erleben, wenn wir ein neues Wort entdeckt haben, das uns bisher unbekannt war, und feststellen, dass unsere Nächsten es mehrmals pro Tag absichtlich zu verwenden scheinen.

Dieses Klümpchen zieht jedes Partikel von Information an, das geeignet sein könnte, die Information zu vervollständigen, dank der spezifischen Fokussierung unserer Aufmerksamkeit (die sich verhält wie die Schwerkraft). Das Klümpchen nimmt zu, wird dadurch komplexer, anziehender, es nehmen auch die Stellen zu, an denen weitere Informationen andocken können. Anders ausgedrückt: Je mehr Informationen wir über etwas, das uns interessiert, sammeln und zusammentragen, desto umfassender werden unsere Kenntnisse, und je mehr Brücken wir bauen zu anderen Themen, anderen Erkenntnissen – die alle mit dem ursprünglichen Klümpchen verbunden sind –, desto vielfältiger und unterschiedlicher werden sie und ziehen immer weitere Informationen nach sich.

Wie wir schon gesehen haben, interessiert und berührt uns jede dieser Informationen und aktiviert unsere emotionalen Zentren, wenn der Prozess persönlich ist und vom Schwung unserer Begeisterung ausgelöst wird. Erinnern wir uns daran, dass eine Information, die mit einer Emotion verbunden ist, sich in unserem Hirn verankert. Um bei dem Bild zu bleiben: Wird die Masse dessen, was wir zusammengetragen haben, dichter, und fällt sie nicht in tausend Stücke auseinander und dem Vergessen anheim (direkt nachdem sie abgeprüft worden ist), sondern scheint sich im Gegenteil zu konsolidieren, dann ist dies der Emotion zu verdanken.

Wir stellen fest, dass der Vorgang der Verdichtung wirksamer ist, wenn er kontinuierlich stattfindet. Wird unsere Aufmerksamkeit ständig auf andere Gebiete gelenkt, hindert dies den Vorgang oder kann ihn zum Erliegen bringen.

Als ich mich regelrecht in die deutsche Sprache verliebte, konnte ich mich ihr bis zu sechs Stunden pro Tag widmen – ohne dass ich mir dessen bewusst geworden wäre und ohne je beschlossen zu haben, mich in die Ruder zu legen. Während ich Deutsch lernte, hat mich niemand nach fünfundvierzig Minuten unterbrochen, um mir zu sagen, es sei Zeit, zu Mathematik oder Geografie zu wechseln. Ich war nicht gezwungen, meinen Verdichtungsprozess zu vertagen, auf den Abend zu warten, auf die Pause oder auf das Wochenende. Ich musste mir nicht wünschen, von einer anderen, an sich interessanten, aber gerade als Ablenkung und Hindernis empfundenen Beschäftigung befreit zu werden, um mich wieder dem zuwenden zu können, was mich begeisterte.

Selbstverständlich schaffen wir es auch in kleinen Abschnitten, wenn es nicht anders geht, und vorausgesetzt, es begeistert uns. Lesen wir ein hinreißendes Buch, gelingt es uns, es in kleinen Fragmenten von ein paar Minuten zu lesen, die wir zusammensetzen, ohne den Faden zu verlieren. Ich habe das kürzlich auf einer Buchmesse erlebt, die voller Menschen war, die den Kontakt und den Austausch suchten. Ich war gern mit diesen Menschen zusammen, ergriff aber jede Gelegenheit, ein paar Zeilen der Geschichte zu lesen, deren Fortgang ich so rasch wie möglich erfahren wollte, weil sie einen Teil des Lebens von Sabryna und Richard erzählte, Menschen, die ich liebe, ein Buch, das mich gefesselt hat. Ich versteckte mich hinter einem Vorhang, um fünf Sätze zu lesen, fand alle möglichen kleinsten Gelegenheiten, um hier eine Zeile, dort einen Absatz zu lesen, wenn ich auf das Essen wartete oder zu »meinem« Stand ging und habe die ersten Kapitel der Geschichte auf diese Weise gelesen, ohne aus dem Zusammenhang zu fallen oder meine Begeisterung zu verlieren.

Trotzdem wäre es einfacher gewesen, mich an einem friedlichen Nachmittag in die Lektüre zu vertiefen, im Liegestuhl im Schatten an einem Sommertag, ohne Begrenzung von Zeit und Raum. So ist es immer mit unserer Begeisterung. Oder der unserer Kinder.

Indem das Klümpchen von Kenntnissen wächst, wird es zu einer riesigen Welt und generiert einen logischen Nebeneffekt: solide Kompetenz.

Die wahrhaftige persönliche, aufrichtige, im Alltag verwurzelte Kompetenz ist also nichts anderes als der Nebeneffekt der Begeisterung.

Diese Kompetenz – die einige als zweite Natur qualifizieren – hat ihrerseits einen ebenso spektakulären Nebeneffekt. Wenn Sie Ihr Thema mit der Intensität und der Wahrhaftigkeit beherrschen, welche Ihnen die Begeisterung verleiht, werden Sie immer wieder Situationen erleben, in denen jemand gerade Sie wegen dieser Kompetenzen braucht. Das ist der Moment, in dem die Kompetenz die Qualifikation aussticht, die zum goldenen Kalb unserer Gesellschaft erhoben worden ist. Man will uns glauben machen, ein Abschluss sei unabdingbar, obwohl im wahren Leben gewöhnlich Kompetenz gefragt ist. Ich habe noch nie erlebt, dass jemand, der Zahnschmerzen hat, zum Zahnarzt geht, der ihm wärmstens empfohlen worden war, und zu ihm sagt: »Zeigen Sie mir zuerst ihr Diplom, bevor sie Hand anlegen!«.

Die wahre, persönliche,
aufrichtige, im Alltag
verankerte Kompetenz
ist nichts anderes als der
Nebeneffekt der Begeisterung!

Die große Geschichte wimmelt von kleinen Geschichten von Menschen, die Koryphäen in Berufen sind, die nichts mehr mit ihrem Studium oder ihren Abschlüssen zu tun haben, denen man goldene Brücken baut zu angesehenen Unternehmungen, obwohl sie kein Diplom haben, dafür aber die unentbehrliche Erfahrung und Expertise, und die sich als kompetenter und fähiger als ihre diplomierten Kollegen erweisen, wenn es darum geht, Lösungen zu finden.

Der Nebeneffekt der Kompetenz ist der Erfolg. Der sakrosankte berufliche und gesellschaftliche Erfolg, der als ein Ideal verkauft wird, das jedes Opfer wert ist, entpuppt sich als einfacher Nebeneffekt des Nebeneffekts der Begeisterung.

Sicher gibt es gewisse Umstände, in denen eine Qualifikation unabdingbar ist. Ich habe nur eine einzige Prüfung erlebt, deren Ziel eine Schlüsselqualifikation ist: die Fahrprüfung. Und das war kein Problem, denn auch in diesem Fall wurde ich von der Begeisterung geleitet und war dadurch bereit, alle Etappen, Prozeduren und Prüfungen hinter mich zu bringen, die den offiziellen Weg markierten. Ich habe darunter nicht gelitten, weil ich diese Wahl getroffen hatte. Ich habe meine Person nicht an diesen Prozeduren geeicht, sie waren in meinen Augen nur ein notwendiger Übergang. Ich hatte beschlossen, meine Fahrprüfung zu bestehen und alles Notwendige zu tun, um den Führerschein zu bekommen. Ich habe mir nie die Frage gestellt, ob ich die Prüfung bestehen würde oder nicht. Und wenn ich morgen beschließen sollte, dass ich Arzt werden möchte, würde mich nichts daran hindern, das Eile-mit-Weile-Spiel auf Feld eins zu beginnen. Ich würde mich den unzähligen Prüfungen unterziehen, die ich zu machen hätte, und würde alles tun, damit es gelingt, ohne mein Ziel aus den Augen zu verlieren – denn ich wäre weder der Erste noch der Letzte, der diese Art von Werdegang erfolgreich bewältigt, auf den magischen Flügeln der Begeisterung.

Eines Tages, während einer Internetrecherche, habe ich ein Diskussionsforum entdeckt, das der Gitarre gewidmet war. Ich fühlte mich sofort in meinem Element und habe ohne Zögern teilgenommen. Zur

Freude, öffentlich über mein geliebtes Instrument zu reden und zu schreiben, gesellte sich die willkommene Gelegenheit, den unterschiedlichsten leidenschaftlichen Gitarristen aus aller Herren Länder eine konkrete und uneigennützige Hilfe anzubieten.

Drei Monate lang war ich damit beschäftigt, auf all ihre Fragen zu antworten, an Form und Inhalt meiner Beiträge zu feilen; ich habe versucht, die Strenge, Klarheit und Vorurteilslosigkeit zu bewahren, die mein Gitarrenbaumeister Werner Schär mir vorgelebt hatte. Ich verbrachte Stunden damit, über jede Idee nachzudenken, jeden Text zu überarbeiten, passende Illustrationen vorzubereiten, einzurücken und zu kommentieren.

Das Moderatorenteam bemerkte meine Arbeit rasch. Drei Monate nach meinem Eintritt in diese Gemeinschaft bekam ich eine Nachricht von Didier, dem Chefredakteur des dem Forum angeschlossenen Magazins. Er bot mir an, Mitglied des Teams zu werden. Auf unerwartete Weise wurde ein Kindheitstraum Wirklichkeit. Ich sagte mit Begeisterung zu und schrieb einige Artikel für die folgenden Ausgaben der Zeitschrift.

Ich hatte keine Ambitionen, aufzusteigen, hatte sie nie. Doch einige Monate später wurde ich eingeladen, offiziell Mitglied des Redaktionsteams des Magazins zu werden. Die Arbeit, die mit dem Forum begonnen hatte, fand so eine ganz natürliche Fortsetzung, einen präzisen und regelmäßigen Rhythmus. Die tradierte Diskriminierung zwischen den Gitarrenfamilien abzuschaffen, die Mauern zwischen Anfängern und Fortgeschrittenen einzureißen, eine Brücke zwischen den Generationen zu bauen, dafür zu sorgen, dass Amateure und Profis voneinander profitieren konnten, den Schleier gewisser offener Geheimnisse zu lüften… das war meine Arbeit.

Als Didier Direktor des Unternehmens wurde, ernannte er mich zum Chefredakteur. Er wusste genau, wie ich arbeite, und verlangte weder einen Lebenslauf noch ein Diplom, weil meine Kompetenz auf den entsprechenden Gebieten für ihn augenfällig war. Ich wage es, von Kompetenz zu sprechen, da sie in keiner Weise ein persönliches Verdienst ist, sondern bloß ein Nebeneffekt meiner Begeisterung, derselbe wie bei jedermann.

Benoît Le Goëdec ist Vater von fünf Kindern, Hebamme, Dozent, Präsident des Interregionalen Hebammenverbands, Malspieldienender, hat einen Master in Philosophie und ist Autor mehrerer Werke über Schwangerschaft und Geburt. Er hat meinen Söhnen auf die Welt geholfen.

»Die Begeisterung des Gebärens wirkt über die Geburt hinaus« von Benoît Le Goëdec

Das Gebären ist ein natürlicher Ablauf. Trotzdem wird es seit jeher für und von Frauen als Prüfung bezeichnet. Eine Initiationsprüfung, wenn überhaupt. Die alten Texte sagen sogar, dass zu Beginn der Welt sieben Sterne am Himmel standen und dass die Menschheit wegen ihres Mangels an Tugenden zwei davon hat verschwinden lassen. Sie muss sie in sich selbst finden, auf ihrem Lebensweg, um sich der Weisheit zu öffnen. Die Schwangerschaft erlaubt der Frau, durch Selbstbetrachtung einen der verlorenen Sterne wiederzufinden,

Angesichts ihres in Wehen liegenden Körpers, der Schmerzen, die sie begleiten, angesichts all der starken Emotionen, die das Herz bewegen, angesichts der Geisteszustände, die mit der Weitergabe des Lebens verbunden sind, der psychischen und kulturellen Transparenz, muss die gebärende Frau zu sich selbst kommen, muss darauf hören, was aus ihr strömt und dem Verstand nicht zugänglich ist, auf der ganzen Welt und von jeher. Etwas von der »Formulation« von Arno Stern findet man bei jeder Frau, die entbindet.

Wenn sie Sicherheit, Geborgenheit fühlt, wenn um sie herum mehr Liebe als Angst herrscht, kann die Frau, die entbindet, die Begeisterung fließen lassen, die mit der Geburt verbunden ist: Sie nimmt den Faden ihrer eigenen Geschichte auf, hat die Möglichkeit zu erkennen, wer sie ist, und das Neugeborene, das die Welt mit seinem ersten Schrei erneuert, willkommen zu heißen.

Die Begeisterung gestattet, sich den hormonellen und energetischen Phänomenen nicht zu widersetzen. Es ist immer noch ein Rätsel, was die Geburt auslöst – trotz zahlreicher Arbeiten zum Thema wissen wir nicht, wann und warum die Geburt beginnt. Bekannt ist aber, dass von der ersten Wehe an Oxytocin ausgeschüttet wird und sich auf sein Ziel zubewegt: die Gebärmutter. Von da an ist der Prozess nicht mehr aufzuhalten. Er läuft in der Frau ab, aber sie hat keine Kontrolle mehr darüber. Ihre Kraft liegt in ihrer Zustimmung und darin, dass sie sich dem Rhythmus der Wehen überlässt. Die Kultur, Schwangerschaft und Geburt wie eine Krankheit erscheinen zu lassen, wie Anhänger der medizinischen Wissenschaft es vertreten, ihre Logik der Risikoverwaltung – eine Logik, die auf Kosten der begleiteten Gewinnung von Selbstvertrauen für die gebärende Frau durchgezogen wird – führt oft zum Verlust der Begeisterung bei der gebärenden Frau. Die Ausschüttung von Adrenalin als Folge der Angst, die generiert wird, führt zu einer Verlangsamung der Wehen, die wiederum medikamentös behandelt wird, und so wird die Pathologie generiert. Das Adrenalin wirkt dem Oxytocin wirkungsvoll entgegen. Es bedarf der Empathie, des Mitgefühls mit der gebärenden Frau. Sie braucht mehr *Sinn* und weniger *Ursachen*. Die Begeisterung, das Lächeln, das so in Herz und Seele entsteht, hilft Hindernisse zu vermeiden oder zu überwinden, aber auch, Hilfe zu holen, wo das Abenteuer nicht mehr allein bestanden werden kann, ohne dass das Abenteuer auf die Mittel reduziert wird, die zum Erfolg führen. Die Hilfe muss sich auf das Ziel beziehen, das Sinn macht, muss den Bedürfnissen und den Werten angemessen sein, die es repräsentiert.

Dank der Begeisterung ist die Frau während der Geburt nicht auf das physiologisch definierte Organ reduziert, auf die Lautlosigkeit seiner Funktion und seine Universalität. Dank der ausbrechenden und sprudelnden Begeisterung macht sie ihr Inneres sichtbar; sie unterscheidet sich von der Materie, und die Universalität, der sie sich nähert, ist die der ganzen Menschheit.

Sie erlebt die Physiologie nicht wie eine starre Norm, wie sie von Hebammen oder Ärzten definiert wird, sondern wie das Leben, das sich bewegt, das Leben, das sich wandelt. Die schwangere Frau, die gebärende Frau ist jenseits jeder Norm, schafft Neues, erlebt den Beginn. Sie ist anderswo und entwickelt sich und erwirbt Erkenntnisse, die mit ihrem innersten Wesen verbunden sind. Sie erfährt, was sie ist und was sie wird. Sie ist schöpferisch und lebt in einer dynamischen Logik zwischen der Handlung und dem, was sie wirklich ist. Die Physiologie, die sie erlebt, ist Veränderung, Erstaunen, wachsendes Leben. Tatsächlich entwickelt sich die schwangere oder gebärende Frau im Raum des Unbekannten, der außerhalb der Medizin existiert. Auf diese Weise bleibt es möglich, anderswohin zu gehen, in den offenen persönlichen Raum. Und obwohl das Ereignis weder einfach noch leicht oder schnell ist, bleibt es zwangsläufig möglich.

Wo auf Überraschung und Begeisterung gesetzt wird, gibt es Raum für Begegnungen, Schöpfung, Erfindungsreichtum, falls man sich das Unerwartete zu eigen macht und seine eigene Lösung zulässt.

Auch die Pflegenden entwickeln angesichts der sichtbaren Begeisterung der Frau – die von ihrem Gatten begleitet wird – einen Enthusiasmus, der ihnen ihrerseits erlaubt, von ihren Kriterien abzuweichen und ihren klinischen Blick zu verändern.

So wird die Begeisterung zu einem Willensmotor. Sie mobilisiert ungeahnte Kräfte, die erlauben, einen sicheren Ort zu erreichen, das andere Ufer, wo gut leben ist, obgleich niemand weiß, wie tief der Fluss oder wie stark die Strömung in der Furt ist, die es zu überqueren gilt.

Alle Studien über die Wochenbettdepression zeigen auf: Es kommt vor, dass Faktoren besonderer Verletzlichkeit bestehen (Unsicherheit, häusliche Gewalt etc.), doch der gemeinsame Nenner aller Fälle, unter welchen Umständen sie sich auch immer abspielen, ist eine schlecht erlebte Schwangerschaft und/oder Geburt. Dank einer Begleitung, die Sicherheit, Respekt, Empathie bietet, dank dieser Begleitung, die zusammen mit der Begeisterung erlaubt, jeden Moment bewusst zu erleben, findet die unausweichliche Angst vor der Geburt ihren höchsten Wert im Ausbruch der Freude, dem Neugeborenen zu begegnen.

Dann übt die Begeisterung eine Schutzfunktion aus, weit über den Moment hinaus, in dem sie ausgedrückt wird.

KAPITEL 14
GESCHICHTEN DER BEGEISTERUNG

Jede der wahren Geschichten, die wir so sehr lieben – die uns motivieren, uns inspirieren, uns anspornen… jene Geschichten, die dem Muster folgen: »Sie wussten nicht, dass es unmöglich war, also haben sie es gemacht« – beruhen auf der Begeisterung ihrer Protagonisten.

Einige dieser Geschichten erzähle ich hier. Natürlich gibt es eine Vielzahl bekannter Schicksale, die wir alle kennen. Wir verkehren persönlich mit Menschen, die diese Art von Geschichten erzählen.

Leonardo da Vinci, Galilei, Kopernikus waren Enthusiasten, auch Edison und Einstein, und ich zweifle nicht daran, dass es auch Ghandi, Amelia Earhart und Steve Jobs waren. Oder denken wir an den Gitarristen Django Reinhardt, dem es durch die Begeisterung für sein Instrument gelang, den Verlust von zwei Fingern der linken Hand dank der Erfindung einer persönlichen Technik zu überwinden. Uns noch näher ist Hilary Hahn, die als Kind Flugzeuge zeichnete, die eine Banderole hinter sich herzogen, auf der geschrieben stand: »Kommen Sie in die Carnegie Hall, um Hilary Hahn Geige spielen zu hören«, bevor sie eine der berühmtesten Violinistinnen der Gegenwart wurde. Lindsey Stirling begann mit fünf Jahren, Geige zu spielen, dann begann sie zu tanzen, während sie spielte, was ihr jede Menge entmutigende Vorhersagen eintrug. Sie aber bewies eine unerschütterliche Ausdauer, die sich in einen weltweiten Erfolg verwandelte: Sie hatte beschlossen, ihrem einmaligen Stil treu zu bleiben und die Vermarktung ihrer Musik via Internet selbst in die Hand zu nehmen. In einem Interview erzählt sie: »Viele Leute haben mir im Laufe meiner Karriere gesagt, mein Stil und die Musik, die ich spiele, seien unverkäuflich. Dass ich mir selbst treu geblieben bin, ist der Grund, weshalb ich es trotzdem geschafft habe.«[16]

Der Werdegang vieler dieser Menschen, beginnend bei null und zum Erfolg oder gar Ruhm führend, scheint ein Aufstieg auf der sozialen Leiter zu sein – wenigstens in der landläufigen Betrachtungsweise. Der Erfolg dieser Menschen fasziniert uns derart, dass wir beinahe vergessen, dass er nie ihr Ziel war. Diese Menschen haben sich ganz einfach von ihrer Begeisterung leiten lassen.

Zeugnis dafür legen auch Geschichten von jenen ab, die anscheinend die umgekehrte Richtung einschlagen, wo jemand aus einer vorteilhaften Lage oder einer blühenden Karriere heraus ohne zu zögern alles aufgibt, um sich einem altruistischeren, persönlicheren oder spirituelleren Weg zu widmen. Ich denke an jenen deutschen Unternehmer, der zuerst das Armaturen herstellende Familienunternehmen in einen Branchenführer verwandelte, bevor er es abtrat, um einem Ruf aus der Tiefe seiner Seele zu folgen: dem Leben und dem Wirken von Krishnamurti. Da wäre auch jene Direktorin einer großen französischen Kosmetikfirma, die das dringende Bedürfnis verspürte, praktisch von einem Tag auf den anderen, ein neues Leben zu beginnen und Yogalehrerin zu werden. Oder die brillante Publizistin, die bei einer berühmten Werbeagentur in ihrem Land angestellt war und keinen Moment zögerte, alles, auch ihr gutes Einkommen, aufzugeben, um ihr Talent in den Dienst einer Bewegung zu stellen, deren humanistischen Beweggründe sie begeistert hatten.

All diese Geschichten, die uns so gefallen, haben eines gemeinsam: Ihre Protagonistinnen und Protagonisten sahen sich vor riesige Schwierigkeiten gestellt, mussten ein außergewöhnliches Durchhaltevermögen an den Tag legen und hatten viel Arbeit zu leisten. Nie habe ich von einem dieser Helden gehört: »Ich hatte eine Idee, die sofort funktionierte, so habe ich mich in den Sessel gesetzt und alles ging von selbst, ohne jedes Hindernis, und es gab keinen Moment der Mutlosigkeit...«

Die Aussage »Ich habe keine Wahl« hat auf den vorhergehenden Seiten hoffentlich an Gewicht verloren, nun können wir uns diese Geschichten zu eigen machen. Sie sind in Reichweite, als wären sie an uns gerichtete Einladungen; Hände, die sich uns entgegenstrecken, Vorhänge, die ein bisschen zur Seite geschoben werden, damit wir hinausschauen können.

Thierry ist ein sehr kultivierter, geschickter und begeisterter Herr, der alte und wertvolle Plattenspieler in seine Teile zerlegt, jeden Millimeter, jede Schraube, jede Platte reinigt, jeden Transistor auseinandernimmt, überprüft, wieder zusammenschweißt, jede Etikette mit der Pinzette löst, jedes Teil ersetzt, anmalt oder repariert und alles mit einer Genauigkeit wieder zusammensetzt und einstellt, die die ursprüngliche Präzision dieses Riesenpuzzles übersteigt, um diesen unvergleichlichen Apparaten ein zweites Leben zu schenken. Zur großen Freude einiger Enthusiasten, die genau wissen, dass eine Arbeit von solchem Ausmaß und von dieser Qualität sonst nirgendwo zu finden ist.

Fragt man ihn, wie er dazu gekommen ist, antwortet er: »Meine Arbeit in einer großen französischen Firma hatte nicht das Geringste damit zu tun, was mich fesselt, und was ich gelernt habe, hat mich nicht auf technische Arbeiten vorbereitet. Dafür aber hat mir mein lieber Vater vermittelt, dass wenige materielle oder immaterielle Dinge der Neugierde, dem Wagemut und vor allem dem Wunsch widerstehen, etwas zu verwirklichen, was unmöglich scheint. Ich funktioniere so: A priori halte ich nichts für unmöglich, auf die Gefahr hin zu scheitern und von vorne beginnen zu müssen – bis ich sicher bin, dass es wirklich unmöglich ist (was selten vorkommt). Ich nehme die Elektronik in Angriff, wie ich es mit der Mechanik gemacht habe (ich liebe es, Automotoren auseinanderzunehmen und wieder zusammenzusetzen), mit Maurerarbeiten, mit dem Kochen…

Ein Freund, der vorbeikam, war erstaunt über meine Fähigkeit, jede Reparatur mit Begeisterung, mit Vertrauen anzugehen, oft mit Erfolg. Er hat mich gefragt: »Wie hast du das gelernt?« Spontan habe ich geantwortet, dass man mir nichts beigebracht hat, dass man mir immer alles nur gezeigt hat und dass ich immer aufmerksam beobachtet habe, wie mein Vater und mein Großvater es machten (mein Großvater war Maurer, eher mürrisch, er hätte mir nichts beibringen können).«
Alain, unser Freund, der Schreiner, ist seit jeher im Blickfeld unseres älteren Sohnes. Die ersten Erinnerungen von Antonin gehen auf die Zeit

zurück, als gewisse Etappen der Renovierung unseres Hauses zurückgelegt wurden, die für ihn von Bedeutung waren. Unter den Händen von Alain entstanden die Tür und das Parkett seines Zimmers, und ihm »half« er, die Treppe wiederherzustellen, die dorthin führte.

Kind einer Bauernfamilie hat Alain sich schon als Vierjähriger für die Schreinerei begeistert. »Ich könnte nicht sagen, warum der Duft von Holz und Leinölkitt, wie sie der Schreiner verwendete, der zu uns kam, mich zutiefst berührt haben. Ich sagte gleich: Ich will Schreiner werden.«

»Ich war ziemlich gut in der Schule«, erzählt er, »was mir erlaubt hat, ohne Prüfung von der Primarschule in die Sekundarschule überzutreten. Mit vierzehn habe ich beschlossen, die Schule zu verlassen, um endlich die Lehre als Schreiner zu beginnen. Meine Lehrer haben heftig protestiert, sie hatten mich für das Abitur vorgesehen und fanden es schade, dass ich mich mit einem Handwerksberuf »begnüge«... doch mein Entschluss war unabänderlich, zumal ich der Unterstützung meines Vaters sicher war.«

Alain verbringt vier Jahre bei einem Schreiner, zuerst in einer Vorlehre, dann als Lehrling. »Der Herr hatte einen miserablen Charakter, aber er kannte sein Handwerk, er hat mir alles gezeigt. Sechs Monate lang musste ich alles von Hand machen: feilen, hobeln, sägen, schaben. Ich habe erforscht, wie jedes dieser Werkzeuge funktioniert und wie das Holz »antwortet«, das war später sehr hilfreich. Den schlechten Charakter meines Chefs ignorierte ich, habe mich damit zufriedengegeben, mir so viele Kenntnisse und Fähigkeiten anzueignen wie möglich, ohne mich entmutigen zu lassen.«

Mit achtzehn besteht Alain die Lehrabschlussprüfung und arbeitet noch ein Jahr als Angestellter bei diesem Schreiner. Dann lädt ihn eine Tischlerei ein, in einem Team zu arbeiten.
Damals hat er zweiundfünfzig Stunden pro Woche gearbeitet. »Vor 19 Uhr war nie Feierabend!« Doch kaum hatte der junge Alain seinen

Arbeitstag beendet, ging er rasch nach Hause in das kleine Atelier, das er bei seinen Eltern eingerichtet hatte. »Ich habe dort bis Mitternacht gearbeitet. Und am nächsten Morgen war ich um 7 Uhr wieder am Arbeitsplatz…«

Mit zweiundzwanzig beschließt er, sich selbstständig zu machen. »Ich wollte nie eine Firma von industriellen Ausmaßen besitzen, ich wollte ein begeisterter Handwerker bleiben. Es war nicht immer einfach, das Handwerk beansprucht den Körper sehr, man verletzt sich ab und zu, aber es ist der Beruf, der nie aufgehört hat, das zu sein, was ich am liebsten mache, dem ich mich jeden Tag gerne widme.«

Obwohl er heute pensioniert ist, arbeitet Alain wie zuvor, für sein Haus, für seine Kinder, für sich selbst. »Diese Arbeit ist meine Droge, ich schaffe es nicht aufzuhören. Arbeite ich einmal an einem Sonntag nicht, ist mir nicht wohl in meiner Haut.«

Und übrigens: Spricht er von der Schreinerei, strahlen seine Augen und er lächelt. Immer.

Aleksander wirkt wie ein Ritter mit einem goldenen Herzen aus früheren Zeiten. Er ist mein polnischer Verleger. Eines Tages schlug er mir vor, meine Bücher zu publizieren. Sein klarer und durchdringender Blick hat mich von Anfang an fasziniert. Inzwischen ist er ein sehr lieber Freund und ein wertvoller Mitarbeiter geworden.

»Zu finden, wofür man sich begeistert, verändert alles« von Aleksander Baj[17]

Ich war ein guter Schüler und einige Fächer interessierten mich mehr, vor allem alle, die mit Sport zu tun hatten. Aber das war weder eine Leidenschaft noch eine Berufung, und ich hatte nicht den Eindruck, dass ich auf irgendeinem Gebiet besonders gut werden könnte. So habe ich nach dem Abitur, als ich nicht wusste, wie es weitergehen sollte und weil ich keine bessere Idee hatte, Jura studiert.

Nach wenigen Monaten zog ich Bilanz und wusste, dass ich das nicht für den Rest meines Lebens tun kann. Studieren war eine Tortur, ich hatte kein Interesse für das, was ich lernen musste und war äußerst frustriert. Ich wusste, dass ich etwas verändern musste, hatte aber nicht die geringste Vorstellung, was meinem Leben Befriedigung, Freude und Sinn geben könnte.

In dieser Zeit schickte mir mein wunderbarer Englischlehrer aus dem Gymnasium das berühmte TEDx-Video der Rede von Sir Ken Robinson mit dem Titel »Ersticken die Schulen die Kreativität?« Ich war fasziniert. Er sprach genau über das, was mich damals umtrieb: Warum verlassen so viele Menschen die Schule ohne zu wissen, was sie wirklich können, und ohne Vorstellung davon, was sie aus ihrem Leben machen wollen?

Ich wollte mehr über Sir Ken Robinson erfahren und entdeckte, dass er gerade ein Buch geschrieben hatte mit dem Titel: *In meinem Element. Wie wir von erfolgreichen Menschen lernen können, unser Potenzial zu entdecken.*[18] Es gab keine polnische Ausgabe, also habe ich sofort die englische Originalversion bestellt. Dieses Buch war eine wahre Erleuchtung, mein Epiphanias. Ich war berührt, wurde inspiriert und ermutigt von dem, was Ken Robinson darüber schrieb, wie man seine natürlichen Talente und Fähigkeiten entdeckt, die Leidenschaft findet und in seinem Element ist. Ich beschloss, mich auf die Suche zu machen, unterbrach mein Jurastudium und machte mich auf zu neuen Horizonten.

Während der folgenden zwei Jahre habe ich viele Reisen unternommen, im Auto, mit dem Motorrad oder per Anhalter. Ich ging Bergsteigen, habe als Croupier in einem Spielcasino gearbeitet und als freier Übersetzer – und mich auch darin versucht, in einem Anwaltsbüro zu arbeiten. Gleichzeitig hatte ich mich daran gemacht, *In meinem Element* zu übersetzen, zum Vergnügen, aber auch mit der Absicht, den Text einigen meiner Freunde zu geben, die ihn meiner Meinung nach hilfreich finden könnten.

Als die Übersetzung beendet war, dachte ich, ich könnte vielleicht einen Verlag finden, der das Buch veröffentlicht, doch nach ein paar Versuchen wurde mir klar, dass das keine gute Lösung war.

Da ich mit der Zeit einige Ersparnisse hatte, Sir Ken Robinson weitere Bücher geschrieben hatte, begann ich daran zu denken, vielleicht einen Verlag zu gründen und *In meinem Element* selbst herauszugeben.

Ich hatte große Zweifel, war aber so aufgeregt bei dem Gedanken an dieses Projekt, dass ich beschloss, den Versuch zu wagen. Einer der Gedanken von Sir Ken Robinson inspirierte mich: »Wer nicht bereit ist, sich zu irren, wird nie etwas Originelles hervorbringen.« Ich versöhnte mich mit dem Gedanken, dass ich vielleicht scheitern würde, wusste aber auch, dass ich wenigstens Gelegenheit hätte, daraus zu lernen.

Es war alles vollkommen neu für mich, ich hatte mich nie damit befasst, wie man ein Buch herausgibt und hatte nicht die geringste Ausbildung dafür. Ich musste alles lernen: wie man eine Gesellschaft gründet, wie man die Rechte für ein Buch bekommt, wie das Lektorat zu bewerkstelligen, wie die grafische Gestaltung anzugehen ist, wie man Schriftgröße und -art auswählt, wie das Papierformat, wo man drucken lässt, wo man Bücher lagert, wie sie in die Buchhandlungen kommen, wie man Werbung macht… und tausend andere Dinge: Buchhaltung führen, Verträge verstehen, Personal einstellen etc. Dieses erste

Buch herauszugeben, hat mich mehr als ein Jahr gekostet, in dessen Verlauf ich unzählige Stunden damit verbracht habe, all diese Dinge zu studieren.

Heute ist mir klar, dass es nur gelingen konnte, weil ich von einer Kraft angetrieben war: Begeisterung. Die Begeisterung, dieses Buch zu publizieren. Ohne sie wäre ich nicht in der Lage gewesen, mich derart anzustrengen, so viele Hindernisse zu überwinden und so viele Misserfolge wegzustecken. Ich hätte wohl unterwegs aufgegeben.

In meinem Element war kaum herausgekommen, als ich den Wunsch verspürte, ein zweites, dann ein drittes Buch zu publizieren, und irgendwann wurde mir klar, dass ich das gerne machte. Mir gefiel jede Phase des Publizierens, und ich wollte unbedingt mehr darüber wissen und besser werden. Es wurde mir klar, dass es das war, was ich tun wollte. Noch dazu lernte ich als Herausgeber meines ersten Buches diejenige kennen, die meine Frau geworden ist. Sie begann mir schon bald zu helfen; wir führen unser Unternehmen – das sich »Element« nennt, in Anlehnung an den Titel des Buches von Sir Ken Robinson – heute als Familienbetrieb und als unsere Art zu leben. Wir können uns nicht vorstellen, etwas anderes zu tun.

Erst nachdem ich André Stern kennengelernt hatte, ging mir die Bedeutung meiner Erfahrung auf. Ich war ein guter Schüler, aber ich muss zugeben, dass ich mich kaum an etwas erinnere, was ich – leider freudlos – in der Schule lernte. Als ich das Abitur bestanden hatte, habe ich nur große Erleichterung verspürt: nie mehr lernen zu müssen. Man hatte mir beigebracht, dass man für das ganze Leben lernen muss, und das hat mich erschreckt. Heute hingegen lerne ich jeden Tag etwas, und das ist in meinen Augen das Natürlichste der Welt geworden. Das wollen wir unseren Kindern vermitteln, und diese neue Haltung in die weite Welt hinauszutragen, ist die Mission, die wir für unser Verlagshaus gewählt haben.

Werner Schär, den alle »Werni« nennen, wird 1958 in Chur geboren, der Hauptstadt von Graubünden in der Schweiz. Sein Vater Andreas ist Elektroniker auf dem Gebiet der Telekommunikation, seine Mutter Silvia arbeitet im Textilbereich. Seine Kindheit, sagt er, sei »friedlich, geborgen und glücklich« gewesen, seine Eltern waren »großzügig und offen«. Mit fünfzehn, als er einen Beruf wählen muss, entscheidet er sich für eine Ausbildung zum Elektroniker. Damals hat er gerade erst entdeckt, was ihn wirklich begeistert: die Gitarre. Wie viele junge Menschen beginnt er, sich ein Repertoire beliebter Melodien selbst beizubringen. Eines Tages hört er im Radio ein Stück für klassische Gitarre, das ihn wie ein Blitz trifft. Er kauft eine klassische Gitarre. Der Verkäufer, selbst Gitarrenspieler, bietet an, ihm Unterricht zu erteilen. Wenig später wechselt er den Lehrer, doch der zieht nach einem Jahr nach Amerika, nicht ohne zuvor dem jungen Werni, dessen aufsehenerregende Fortschritte ihn beeindruckt haben, all seine Schweizer Schüler anzuvertrauen.

Werni spielt Gitarre in jeder freien Stunde, die ihm neben der Lehre bleibt. Er spielt stundenlang, nächtelang. Während eines Waldfestes am Lagerfeuer tritt er eines Nachts auf die teure Gitarre eines Freundes und zerstört dabei deren Klangdecke vollkommen. Es kommt ihm vor, als hätte er nie so etwas Schlimmes erlebt; in seiner Verzweiflung und seinem Kummer verspricht er auf der Stelle, die kaputte Gitarre zu reparieren.

Nachdem er seine eigene Gitarre dem Freund gegeben hat, bestellt er das Holz für eine Resonanzdecke. In seinem kleinen Zimmer und ohne irgendeine Ahnung vom Handwerk des Gitarrenbauers und ohne Erfahrung in einem verwandten Beruf, mit unglaublich improvisierten Mitteln (es gelingt ihm, die beiden Brettchen mit Schmirgelpapier fugendicht zu machen!), stürzt er sich auf diese Reparatur – die er so gut zu Ende bringt, dass man auf der Gitarre wieder spielen kann. Ihm scheint, sie töne sogar besser als zuvor.

Etwas Neues hat Werni ergriffen. Etwas, das eng verbunden ist mit seiner Begeisterung für die Gitarre. Er verschreibt sich dieser Sache mit Leib und Seele. Seine Ferien widmet er Reisen nach Spanien, um die Werkstätten der wichtigsten Gitarrenbauer zu besuchen (Fleta, Estruch…). Er liest alles, was er zum Thema finden kann, gerät aber gleichzeitig in eine Lebenskrise, von der er noch nicht weiß, wohin sie ihn bringen wird. Eine unglückliche Liebesgeschichte setzt ihm ebenso zu wie die Arbeit als Elektroniker, die ihm nicht sonderlich gefällt – und welche Form er seiner Begeisterung für die Gitarre geben soll, weiß er auch nicht. So nimmt er mehrere Stellen als Gitarrenlehrer an. Als er für seine Schüler bestellte Noten in einem Musikladen abholt, begegnet er einer jungen Gitarristin, Cecilia, die in diesem Musikladen gerade ihre erste Stelle als Verkäuferin angetreten hat und deren erster Kunde er ist.

Einige Zeit später ziehen Werni und Cecilia zusammen. Die Wohnung ist klein, sie haben wenig Geld, aber Vertrauen und Liebe sind wichtiger. Cecilia bringt ihre heitere Energie mit, und Werni beschließt, mit den behelfsmäßigen Gegenständen, die ihm für die Reparatur der Gitarre seines Freundes gedient hatten, seine erste eigene Gitarre zu bauen, von A bis Z, auf dem Küchentisch. Abwechselnd muss man das Werkzeug und die Hobelspäne ein bisschen zur Seite schieben, wenn man essen will, oder die Küchengeräte, um weiter an der Gitarre zu bauen. Cecilia sammelt leere Glasflaschen, um mit den paar Franken Pfand Brot zu kaufen.

Es ist der Beginn einer neuen Ära. Werni sieht nun klar, gibt seinen Beruf als Elektroniker auf und eröffnet 1982 in Chur seine erste Werkstatt als Gitarrenbauer. Zahlreich sind die Menschen in seinem Umfeld, die ihm davon abraten, weil es ihnen verrückt vorkommt, die Sicherheit eines zukunftsträchtigen Berufes für etwas aufzugeben, was sie als »künstlerisches« Hobby, und demzufolge als unsicher betrachten. Aber Werni wird von seiner Begeisterung geleitet und von seinen Eltern und von Cecilia bedingungslos unterstützt. In seiner Werkstatt hat er mehr Raum und Bequemlichkeit. Er spürt, wie ihm Flügel wachsen und baut seine zweite Gitarre, die so bemerkenswert ist, dass sie, kaum fertig, schon einen begeisterten Käufer findet. Innerhalb von zwei Jahren entwickelt er sowohl sein Atelier als auch seine handwerklichen Fähigkeiten. Er baut mehrere Gitarren, verkauft gleichzeitig industriell hergestellte Instrumente, Saiten und Zubehör, und hört nicht auf, Musikstunden zu geben.

1984 besucht er in Zürich ein dreiwöchiges Seminar mit dem Gitarrenbaumeister José Luis Romanillos: eine außergewöhnliche Begegnung mit dem Gitarrenbau des größten aller Meister, Antonio de Torres – ein entscheidender Schritt. Wieder ist es wie Liebe auf den ersten Blick, eine weitere Welle der Begeisterung ergreift ihn. Nach diesen drei Wochen, in denen er sich nichts hat entgehen lassen, kehrt Werni verwandelt zurück: seine Arbeit hat eine neue Richtung genommen, und er eine unerschütterliche Sicherheit gewonnen. Er ist einer der aufrichtigsten, treusten und erfindungsreichsten Nachfolger des Meisters Torres geworden und wird es bleiben.

Inzwischen ist Werni einer der wenigen klassischen Gitarrenbauer unserer Zeit geworden, die von ihrem Handwerk leben können. Cecilia, ihre drei Söhne (die heute erwachsen sind) und er haben alle möglichen Schwierigkeiten erlebt, sie sind oft umgezogen, aber Hunger litten sie nie. Vor einigen Jahren haben Werni und Cecilia ein Grundstück in den Schweizer Bergen gekauft und ihr Ökohaus um das Atelier herum gebaut, von dem sie immer geträumt haben. Sie empfangen dort zahlreiche Schüler, die kommen, um eine Gitarre zu bauen oder das Handwerk zu lernen. Das Licht im Atelier wirkt wie flüssiges Gold. Und Werni, umgeben vom Duft des Holzes und dem Klang all seiner Gitarren, baut mit seinen Händen, die sich so kunstvoll bewegen, faszinierende Instrumente mit einer unvergleichlichen Klangfülle. Seine Technik beruht auf einem Prinzip, dem er nie untreu wird, egal wieviel Zeit es in Anspruch nimmt. Jedes Teil bereitet er so vor, dass das Holz niemals geklemmt oder mit Kraft geklebt werden muss. Er strebt mit jedem Stück die höchste Perfektion an, derer er fähig ist.

Seine Begeisterung hat nie nachgelassen.

Alice, achtunddreißig Jahre alt, glückliche Mutter zweier Kinder, hat eine klassische Schullaufbahn in der Region Cotentin hinter sich. Sie lernte, wie man gemeinhin sagt, »leicht«, und von ihrer Schulzeit sagt sie, sie habe gemacht »was man von ihr erwartete, ohne sich allzu viele Fragen zu stellen.«

Nach dem Abitur schreibt sie sich an der Universität von Lyon ein und arbeitet fünf Jahre an ihrem Master in Geografie und Wasserwirtschaft. Im Jahr 2003 tritt sie anschließend eine Stelle als Ingenieurin in einer Gebietskörperschaft an. Drei Jahre später, mit siebenundzwanzig, beschließt sie, alles aufzugeben: »Was ich machte, hatte nichts damit zu tun, wer ich war oder sein wollte. Ich habe diese ganze Zeit gebraucht, um mich zu befreien, das Schema des Kindes hinter mir zu lassen, das alles macht, um die Anerkennung seiner Eltern zu gewinnen (auch wenn dies unbewusst geschieht) oder die der Gesellschaft.«

Kurz bevor sie ihre Beamtenstellung aufgibt, beschließt sie, ein altes Haus zu kaufen, solange die Banken noch wohlwollend sind. Um es bewohnbar zu machen, muss alles renoviert werden, nur die Mauern, der Dachstuhl und das Dach sind in gutem Zustand. Damals noch ledig, stürzt sie sich allein in die Renovierung des Hauses, entschlossen, nur traditionelle Materialien wie Kalk, Erde oder Stroh zu verwenden.

Ihr Umfeld, das sie während der ganzen Kindheit als Person »mit zwei linken Händen« qualifiziert hat, reagiert heftig: »Das ist keine Arbeit für eine Frau!«, »Du verstehst nichts vom Bauen!«, »Kalk und Erde halten nicht!«, »Du hast nicht genug Kraft!«, »Du hast doch nicht so lange studiert, um jetzt manuell zu arbeiten!«, »Wieso hast Du Deine Stelle aufgebeben, Du hattest doch einen guten Lohn!«

Nachdem sie Dutzende von Büchern gelesen und ein Praktikum in einem Ökozentrum im Périgord absolviert hat, beginnt sie mit der Renovierung. Heute lebt sie in diesem Haus mit ihrer Familie, und es hat noch keinen Riss bekommen…

Diese Begeisterung für die traditionellen und natürlichen Baustoffe erscheint ihr als der Weg zu einer beruflichen Neuorientierung. Sie beschließt, einen Lehrabschluss als Maurerin für alte Gebäude zu machen (um sich als Handwerkerin niederlassen zu können, bedarf es eines entsprechenden Diploms). Wir schreiben das Jahr 2007, und sie muss ein Gespräch mit dem Psychologen des Nationalen Berufsbildungszentrums für Erwachsene bestehen, um zur Ausbildung zugelassen zu werden. Das Gespräch dauert nur kurz: der Psychologe blockiert die Anmeldung. Er wäre allenfalls einverstanden gewesen mit einer Ausbildung als Plattenlegerin oder Malerin, als Maurerin aber wird sie abgelehnt. Sie kehrt nach Hause zurück, verunsichert und wütend, doch ihre Begeisterung wird deswegen nicht geringer. Sie will ihr folgen, keine andere Lehre absolvieren, aber einen anderen Weg einschlagen. Ende 2007 beginnt sie mit einer Ausbildung zur Beraterin für ökologisches Bauen. Da es dafür kein Diplom gibt, kann sie immer noch nicht tätig werden, aber sie schafft ein Netzwerk, pflegt den Gedankenaustausch und entdeckt weitere Techniken. Das erlaubt ihr, bezahlte Aufträge auf Baustellen zu bekommen.

Im Frühjahr 2009 stellt sie sich einem weiteren Gespräch mit dem Psychologen des Berufsbildungszentrums. Noch entschlossener als beim ersten Mal, ein bisschen klarer in ihren Absichten, öffnet sich ihr die Tür zur Ausbildung als Maurerin, die sie im darauffolgenden Jahr beginnen kann.

Eine kleine Anekdote: Am ersten Tag der Ausbildung kommt sie ein bisschen zu spät. »Ich war wie eine Frau angezogen«, erinnert sie sich. »Wie ich den Raum betrete, richten sich vierzig Augenpaare auf mich. Ich kam nicht dazu, irgendetwas zu sagen, als der Verantwortliche mir schon mitteilte, dass ich am falschen Ort sei, die Ausbildung zur Sekretärin finde in einem anderen Gebäude statt!«

In jenem Jahr ist sie die einzige Frau in der technischen Abteilung. Als sie erklärt, sie habe sich als Maurerin eingeschrieben, erstarrt der Saal mehrere Sekunden. Sie lässt sich nicht entmutigen, überwindet jedes Hindernis und kann schließlich ihr Unternehmen gründen und mehrere Baustellen betreuen.

Sie betrachtet dies nicht als Wunder: »Alle müssten zur Einsicht gelangen, dass es möglich ist, das zu sein oder zu werden, was man von Herzen und mit Begeisterung anstrebt.«

Privat arbeitet Alice heute an einem Projekt, das ihr seit Jahren am Herzen liegt: die Eigenkonstruktion eines Hauses aus Strohballen. »Die Kinder lieben es, in den Lehmgruben zu spielen! Und nach der Offenbarung von 2006 habe ich noch viel gelernt. Nähen, stricken, häkeln, aus Wolle Filz machen...«

Eines Tages hielt meine Freundin Jocelyn Dunn, Astronautin bei der NASA, ihr Auto an, um mir zu schreiben: »Wenn ich in letzter Zeit die Sterne betrachte, die so hell und klar sind in den Bergen, ohne die Lichtverschmutzung… tut es fast weh… ich will dort hinauf… so sehr…« Ihre Nachricht hat mich besonders berührt, weil sie mir wie ein Echo dessen vorkam, was mir Antonin jeden Tag sagte, seit er fünfjährig ist, sobald er den Sternenhimmel betrachtete: »Ich will dort hinauf…«

»Der Vorzug, ein leidenschaftliches und eigensinniges Kind zu sein« von Jocelyn Dunn[19]

Ich erinnere mich an jenen schicksalshaften Tag in den 1990er Jahren, als meine lieben Eltern im Morgengrauen unseren bordeauxroten Kastenwagen Chevrolet Astro beladen haben und mit uns zu einer Fahrt zum Kennedy-Raumfahrtzentrum aufgebrochen sind. Meine Eltern, meine drei Geschwister und ich erlebten gemeinsam den Start einer Weltraumfähre Richtung internationaler Raumstation. Der Boden unter uns zitterte ob der Kraft der kontrollierten Explosion, welche die Weltraumfähre aus der Erdatmosphäre schleuderte. Ich, ein beeindruckbares und wissbegieriges Kind, war wie hypnotisiert, im eigentlichen wie im übertragenen Sinn erschüttert. Ich erinnerte mich an die Journalisten, die neben uns geparkt hatten während des Starts, und als ich nach Hause kam, spielte ich eine Reporterin, die wieder und wieder ankündigte, was ich von dem Spaceshuttle und dem Ablauf des Starts im Gedächtnis hatte.

Wenn ich zurückblicke und meinen schulischen und universitären Werdegang nachvollziehe, frage ich mich, wo ich heute wäre ohne diesen Augenblick in meiner Kindheit, als meine Leidenschaft für die Erforschung des Weltraums entstand. Vermutlich würde ich nicht in Houston, Texas, im Johnson-Raumfahrtzentrum der NASA arbeiten, und vermutlich hätte ich nie acht Monate lang an der Mission zur Simulation des Lebens auf dem Mars teilgenommen. Und ich wäre nicht dabei, diese Geschichte zu schreiben.

Ich bin André im Sommer 2015 anlässlich einer TEDx-Konferenz in Vicenza in Italien begegnet, zu der man mich eingeladen hatte, um über meine Erfahrung mit der berühmten Mission der Simulation des Lebens auf dem Mars auf dem Vulkan Mauna Loa auf Hawaii zu sprechen. »Echter Stress auf dem falschen Mars.« Nach acht Monaten der Verbannung mit weiteren fünf Personen in völliger Abgeschiedenheit, nach so langer Zeit isoliert vom Rest der Menschheit, war es ein Schock, im Teatro Olimpico aufzutreten, nur zwei Wochen nach dem Ende der Mission. Als ich zitternd wie Espenlaub versuchte, nicht in Panik zu geraten bei dem Gedanken, bald vor fünfhundert Personen reden zu müssen, hörte ich André zu, der von der Entwicklung des Kindes und von der Begeisterung sprach.

André postuliert, dass ich meine Träume dank meiner Begeisterung verwirklichen konnte. Wenn ich mein Leben von meiner gegenwärtigen Lage einer dreißigjährigen Wissenschaftlerin, die in der Forschung arbeitet, rückwärts ablaufen lasse, werden meine Erinnerungen unscharf: wie ich mich abgerackert habe, vom Doktorat über die Universität, den Sport, bis zur Primarschule, den Stressfaktoren (inneren und äußeren), die ich überwunden habe, den enttäuschenden Golfturnieren, den Hausaufgaben, die ich vergessen hatte zu machen, und den verlorenen Freundschaften… Ich schaue zurück und sehe dieses eigensinnige und leidenschaftliche Kind, das die Erfüllung sucht, und ich hoffe, dass mir die Begeisterung für die harte Arbeit, die zu tun ist, wenn man leidenschaftlich ist, nicht abhandengekommen ist. Nur die Begeisterung konnte mich dazu bringen, den überraschenden Wendungen, Umwegen und Durststrecken zu folgen, die mich dorthin geführt haben, wo ich heute bin – wie unzählige Menschen vor mir, die sich von der Begeisterung leiten ließen, um nach der eigenen Bestimmung zu suchen und sie zu entdecken, die eigene Ethik, die eigene Weltanschauung.

Wenn die Leidenschaft die Aktivationsenergie zündet, heben wir ab, finden begeistert und beharrlich neue Wege. Auch wenn ich unglaubliches Glück mit meinen Eltern und Ratgebern hatte, habe ich doch auch Erfahrung mit den Problemen, auf die André hinweist, solche, die mit dem Frontalunterricht und anderen ungeeigneten Formen des Unterrichts und den begleitenden Umständen verbunden sind. Ich will meinen Ratgebern vertrauen können, ich bewahre ihre Worte in meinem Gedächtnis und berücksichtige ihre Ansichten. Und dennoch: Wenn ihre Empfehlungen die Begeisterung nicht bremsen können, die mich dazu bringt, alternative Erfahrungen zu machen, und ich beschließe, meinen eigenen Eingebungen zu folgen, kommt es vor, dass ich ein schlechtes Gewissen habe, weil ich ihren Rat in den Wind geschlagen habe. Die Botschaft von André war eine gute Nachricht für mich: Ein leidenschaftliches und eigensinniges Kind zu sein, ist ein Vorzug!

Ihr Kind verweigert sich der Mathematik? Es gelingt nicht, in ihm Interesse für die *wichtigen Dinge* zu wecken? Es sträubt sich dagegen, seine Aufgaben zu machen, trotz der Mühe, die Sie sich geben? Es ist unfähig, sich fünf Minuten auf einen Dreisatz zu konzentrieren, obwohl es anderswo eine unglaubliche Konstanz an den Tag legt? Würde es zum Beispiel, wenn man es lassen würde, den ganzen Tag Rollschuh laufen? Nun denn… lassen Sie sich darauf ein, es ist vielleicht wie **Taïg Khris**!

Taïg ist in der Schule so unglücklich, dass seine Eltern beschließen, ihn und seinen Bruder aus der Schule zu nehmen und ihnen ihr volles Vertrauen zu schenken. Nachdem sie in vielen Ländern gelebt haben, verbringen die beiden Brüder in Paris beim Trocadero die einprägsamsten Momente ihrer Kindheit. Neben den Freundschaften, die sie schließen, entdecken sie dort das Rollschuhlaufen – und beschließen, sich nicht mehr anders fortzubewegen als auf Rollschuhen. Sie üben Tag für Tag, indem sie die anderen Läufer imitieren. Sobald sie sicher auf Rollschuhen sind, erforschen sie mit einigen Freunden die Hauptstadt mit den Rollschuhen und empfinden dabei ein Gefühl von großer Freiheit und Autonomie. »Wir liefen zum Vergnügen, um mit unseren Freunden zu spielen, ohne Absicht, bestimmte Fortschritte zu machen«, erklärt er im Buch *Denn mein Leben ist Lernen* von Olivier Keller[20], »aber selbstverständlich kam es vor, dass wir eine Treppe übersprangen oder etwas Akrobatisches machten.« Noch bevor er dreizehn wird, beginnt Taïg in Gesellschaft seines Bruders und zweier Freunde, intensiv zu trainieren für eine Rollschuhshow, die sie bei verschiedenen Gelegenheiten präsentieren. Einige Darbietungen werden im Fernsehen gezeigt.

»Als ich fünfzehn war, wurde in unserer Nähe eine Halfpipe[21] gebaut. Sobald sie benutzt werden konnte, begann ich, meine Tage darauf zu verbringen und lief die ganze Zeit Rollschuh.« Mit der Zeit wird sie zu einem Treffpunkt für viele Leute, die kommen, um zu sehen, wie er sich entwickelt. Weitere Jugendliche stoßen dazu und bilden mit Taïg eine kleine Gruppe begeisterter Rollschuhläufer. Um an seiner ersten Meisterschaft teilnehmen zu können, überzeugt er ein Sportgeschäft, sein Sponsor zu werden unter der Bedingung, dass er unter die ersten drei kommt. Die Konkurrenz ist hart, es handelt sich um seinen ersten offiziellen Auftritt, er muss sich unter anderem mit dem siebtbesten Rollschuhläufer der Welt messen: Taïg wird zweiter. Im Jahr 1990, mit fünfzehn, wird er französischer Meister.

Seither ist Taïg dreifacher Weltmeister im Inlineskating geworden, hat die X-Games gewonnen, die Gravity Games und das ASA-Turnier. Er ist der Sportler mit den meisten Titeln unter den Extremsportarten: Fünfundsiebzig Mal hat er gesiegt, Einhundertneun Mal war er unter den ersten drei; dazu kommen etliche Weltrekorde. Was ihn dahin gebracht hat, was ihn dazu gebracht hat, von morgens bis abends zu trainieren, all seine Ängste zu überwinden, vom Eiffelturm zu springen, alles wieder aufzugeben, um Inlineskater zu werden... war nichts anderes als seine unerschütterliche Begeisterung.

Ich habe fast alle Bücher von Richard Bach gelesen, seltene Exemplare gesammelt. Sie begleiten mich seit meiner Jugend. Sie waren immer das Erste, was ich ausgepackt habe, wenn ich umgezogen bin. Fast in jeder Lebenslage kommt mir ein Satz aus einem seiner Bücher in den Sinn. Seine Gedanken begleiten mich, seit ich Die Möwe Jonathan *kennengelernt habe. Und in praktisch jeder Situation blüht in meinem Kopf ein von ihm gesätes Bild oder Wort. Sie haben mir geholfen, unnachgiebig zu sein, in großem Maßstab zu lieben und zu träumen.*

»Ein Regenbogen in der Wüste« von Richard Bach[22]

Wir kommen mit einem geheimen Überlebenskasten zur Welt.

Erst wenn wir uns mitten in der Wüste wiederfinden, die sich bis zum Horizont ausdehnt, erst dann öffnen wir diesen Kasten. Wir finden darin Nahrung, Wasser und das eine unerlässliche Element gegen den Tod: die Begeisterung!

Wie funktioniert das? Kaum haben wir diesen kleinen Kasten aufgemacht, sehen wir unsere Welt schon mit anderen Augen. Ich bin so dankbar, gerade hier zu sein und gerade jetzt. Ich weiß, auch wenn ich es nicht sehe, dass Etwas mich retten wird. Vielleicht ein einsamer Beduine auf seinem Kamel oder ein verirrter Helikopter, der in der Nähe landen wird, um nach der Richtung zu fragen. Eine unsichtbare Kraft hilft mir auf dem Weg, den ich vor so vielen Jahren gewählt habe.

Es ist magisch zu spüren, wie diese Kraft gerade in einem solchen Augenblick wirkt. Am besten funktioniert sie immer dann, wenn ich nicht die leiseste Ahnung habe, was mich retten wird. Ich schätze das, was diese Kraft unabsehbar erscheinen lässt. Sie funktioniert wie so oft in meinem Leben. Sie hat mir Begegnungen mit Personen beschert, die am Ende ihrer Kräfte waren und meinen Zuspruch nötig hatten, um sich selbst zu retten, so wie ich zuvor von anderen gerettet worden bin.

Welch eine Überraschung zu erfahren, dass selbst der Tod nur ein Schritt hin zu vollkommenem Leben und zur Liebe ist! Mit den Augen zwinkern und wissen, dass der Tod keine Macht besitzt, weil wir unsterblich sind! Wir tragen menschliche Kostüme, um in dieser Welt zu leben, aber wir brauchen sie nicht, um zu überleben.

Wie definiert man »überleben«? Weiterzuleben oder zu existieren trotz allem, was entgegenwirkt. Wir fahren fort zu leben, trotz unseres Glaubens an den Tod! Just in der Wüste kommen uns die vielen Bücher entgegen, die über die seltsame Tatsache, dass wir trotz des Todes überleben, geschrieben worden sind. Es ist nicht verwunderlich, dass die Gabe der Begeisterung in unseren Überlebenskasten gepackt worden ist.

Diese Gabe hat in einem Leben nach dem anderen ihre Wirkung gezeigt. Rein wie die Liebe wird sie auch im jetzigen Leben wirken.

Begeisterung ist ein Geisteszustand. Wenn wir in der Wüste erfahren, dass wir auf keinen Fall untergehen können, dann ist dies die Quelle unserer Begeisterung.

Begeisterung ist wie ein persönliches Teleskop: Sie vergrößert, was wir lieben, und wir sehen nicht länger, was uns gerade nicht interessiert.

In einer Welt, wo alles andere grau ist, schmückt die Begeisterung ihr Objekt mit lebhaften Farben und bläst in ein kleines Horn, das uns in das reine Licht der Sonne führt. Wir wissen, dass uns verändern wird, was wir noch zu lernen haben. Das Glück des Lernens ist für uns das Ende des Regenbogens. Stellt ihn euch vor wie einen vielfarbigen Lichtstrahl, der in eine verdrießliche Welt voller uninteressanter Nachrichten leuchtet.

Die Drachen schwimmen in Wassern, die wir als langweilig empfinden. Um ihnen zu begegnen, müssen wir das Wasser lieben, in dem sie schwimmen, und sobald wir es lieben, fliegen sie auf und davon.

Fehlt uns das Interesse, gibt es keine Nummer, die wir wählen können, und wenn wir versuchen würden anzurufen, wäre niemand am anderen Ende der Leitung. Ich kenne die Dinge bereits, die mich interessieren und ich hoffe, dass die Begeisterung mir erlauben wird, auf dem Weg zu bleiben, für den ich dieses Leben begonnen habe.

KAPITEL 15
DIE WIEDERGEFUNDENE BEGEISTERUNG

Liebe Leser, wenn Sie hier angekommen sind, sind Sie schon auf der anderen Seite des Spiegels. Sie haben den Schleier beiseitegeschoben und den Seelenzustand wahrgenommen, der Begeisterung heißt. Nichts anderes ist zu tun, man muss sich keine Mühe geben und sich nicht anstrengen, sich zu keinen Übungen zwingen (welche der Begeisterung eine besondere Stellung außerhalb des Alltags einräumen würden, wo sie doch gerade Teil davon ist), kein Praktikum und keine Ausbildung absolvieren, und es ist kein Urteil darüber zu fällen, wie unsere Entwicklung oder unsere Vorgehensweise zu sein hätte.

Begeisterung kann man nicht erschaffen, also kann man sie auch nicht zerstören. Sie ist ein »serienmäßiger« Zustand, der in uns lebt, was auch immer geschieht. Wie bei der Meditation ist das Ziel nicht, neue Geisteszustände zu schaffen, sondern die Wolken wegzurücken, die sie verdecken.

Selbstverständlich kann sich das Gewicht des Deckels, von dem zu Beginn dieses Buches die Rede war, als außerordentlich schwer erweisen. Im Laufe all der Jahre, in denen die Werte und Vorlieben unserer Gesellschaft unsere Begeisterung in den Hintergrund drängten, haben wir uns daran gewöhnt, nicht begeistert zu sein. Oft sind uns unzuträgliche Situationen – in denen wir uns von Beginn an befunden haben – so vertraut geworden, dass wir uns in ihnen wohlfühlen, so bequem, dass wir uns davor fürchten, sie zu verlassen. Umso mehr, da wir von anderen Situationen wahrscheinlich nichts kennen, und es die Natur des Unbekannten ist, fremd zu wirken – und uns sehr zu verunsichern. Wir ziehen es vor, Zuflucht zu suchen in dem, was wir bestens kennen, auch wenn es uns nicht glücklich macht.

Wir haben zudem eine Tendenz, die ganz natürlich ist und deshalb auch nicht zu kritisieren, unseren Zuständen immer neue Nahrung zu geben. Wenn wir traurig sind, sehen wir die traurigen Dinge, wir leiden unter Stress, wenn wir gestresst sind und sagen uns, »wie bin ich doch im Stress«, und fügen Stress dem Stress hinzu. Wir führen uns vor Augen, was wir noch alles zu tun haben, wenn wir schon überanstrengt sind, und suchen mehr Beweise dafür, wie sehr wir es sind. Und sind wir zornig, so finden wir überall weitere Gründe, noch wütender zu werden.

Aber auch die Begeisterung kennen wir gut! Sie ist eine Art innerer See, dessen Landschaft wir nie vergessen. Das Lesen dieses Buches hat Sie unweigerlich dazu geführt, diesem inneren See einen Augenblick zu widmen. Vielleicht war ein bisschen Unbehagen dabei. Heißen wir diese Unbehaglichkeit willkommen, denn in ihr wurzelt schon das Neue.

Begeisterung ist, wie wir gesehen haben, ansteckend. Sie haben sie in jeder Geschichte auf diesen Seiten angetroffen, Sie werden ihr von nun an in anderen Geschichten begegnen und bei jedem Kind, das Sie sehen werden.

Begeisterung kann man nicht erschaffen, also kann man sie auch nicht zerstören.

Der Geist, der sich dem Begriff der Begeisterung geöffnet hat, gibt ihr eine Relevanz, die unvergesslich ist. Diese Relevanz genügt, um ihr ein bisschen Platz zu lassen, ihr eine Art Gästezimmer in unserem Geist einzurichten. Ein bisschen Platz für die Begeisterung in uns, aber auch, um sie von anderen aufzunehmen. Wenn wir so leben, tun wir es automatisch nicht nur für uns, sondern auch für all jene, die es nicht tun, oder die das Gegenteil tun.

Im Bewusstsein um die Schwierigkeit des Rückwegs zur Begeisterung und zum Vertrauen ersparen wir vielleicht unseren Kindern den Hinweg. Sehen wir von nun an, wie sich unsere Kinder begeistern, setzen wir wahrscheinlich eine neue Art des Vertrauens in sie.

Einige Minuten des Vertrauens, einige Augenblicke der Relevanz für ihre Begeisterung wird ihr Leben verändern und im Laufe von Generationen auch die Welt.

DANK

Auf dem Weg zu einem besseren Ich war die Begegnung mit Gerald Hüther entscheidend. Ihm gebührt meine Dankbarkeit für alle Zeit; niemand hat mir mehr geholfen als er, die Welt besser zu verstehen und meinen Blickwinkel zu erweitern. Mit seiner Arbeit und seinen Worten hat er mir dazu verholfen, mir bewusst zu werden, dass jede der Geschichten, die ich erlebt oder geliebt habe, auf Begeisterung beruht. Und dass dies Teil einer generellen Absicht unserer Welt ist.

Ich danke auch meinen Eltern, Michèle und Arno Stern, die Pioniere dieser neuen Haltung des Vertrauens in das Kind (inzwischen »Ökologie der Kindheit« genannt). Ohne sie wäre nichts von alledem möglich geworden.

Gerald Hüther beschreibt in seinem Buch *Männer, Das schwache Geschlecht und sein Gehirn,*[23] wie die Männer, die mit einem Chromosom geboren werden, dem ein Arm (Y statt X) und damit eine Reihe von Informationen fehlt, die auch nicht ersetzt werden, wenn sie auf dem X-Chromosom nicht lesbar sind, sich ohne Ersatzrad auf den Weg ins Leben machen und deshalb sehr auf Unterstützung von außen angewiesen sind. Das erklärt, weshalb gemäß Statistik die Sterblichkeit bei Männern, die von ihren Frauen nicht unterstützt werden, höher ist, als wenn sie zwei Schachteln Zigaretten am Tag rauchen würden. In diesem Sinne liegt es mir hier als Nichtraucher sehr am Herzen, Pauline, meiner Frau, der ersten Leserin all meiner Bücher, für ihre unablässige Unterstützung zu danken.

Ich danke meinen Söhnen Antonin und Benjamin dafür, dass sie jeden Tag meine größte Inspirationsquelle sind – wie ebenso alle Kinder dieser Welt.

Ich danke Sabryna Bach dafür, dass sie eine Brücke über die Zeit gebaut hat. Und Irène Maeder für die Treue, das tiefe Verständnis und die Begeisterung ihrer Übersetzungen. Ich danke auch Eléonore, meiner Schwester, die das Ruder nie aus der Hand gegeben hat, und sei der Wellengang noch so hoch gewesen.

Ich danke Andy Puddicombe, dem Gründer von Headspace, für seine sanfte und großzügige Begleitung an jedem meiner Morgen, sowie Richard Bach und Stephen Hawking, die durch ihre Bücher immer an meiner Seite sind.

Schließlich kann ich all jenen nie genug danken, die zur Entstehung dieses Buches beigetragen haben: Diejenigen, die es direkt gemacht haben und deren Beiträge Sie gelesen haben, und diejenigen, die es weniger offensichtlich, aber nicht weniger ausdauernd gemacht haben, wie der Denker Sir Ken Robinson, der Waldexperte Erwin Thoma, meine Verleger Elisabeth und Friedrich-Karl Sandmann, aber auch – in ihrer Rolle als tägliche Erweiterer meines Horizonts – der Filmemacher Erwin Wagenhofer, meine Freunde Werner Schär und Giancarlo Ciarapica, die Botschafterin einer besseren Welt Katia Saalfrank, und meine liebe Sophie Rabhi. Nicht vergessen möchte ich Véronique Grall, Olivia Phélip und Anne Barthellemy, ohne die dieses Buch nie entstanden wäre, so wie ihrem ganzen Team für die Mühe und das Verständnis, das sie dafür hatten. Aus tiefem Herzen möchte ich Sabine Kriechbaum und Maud Imbert dafür danken, dass sie mich täglich begleiten.

Und last, but not least: Mein zärtlichster Dank gilt allen, die mich jeden Tag unterstützen, meinem geliebten Team: Silvia, Edith, Charlotte, Izabella, Amadeus, Sylvie, Teresa und Aleksander.

QUELLEN

1 http://www.dr-mueck.de/Wissenschafts-infos/Pressetext-Deutschland/Begeisterung-Gehirnentwicklung-Motivation-Lernen-Gerald-Huether.htm

2 https://www.welt.de/debatte/article13309602/Nur-mit-Begeisterung-lernen-wir-wirklich-gut.html

3 Neurobiologie und Erziehung: Konferenz von Prof. Gerald Hüther (VOSTFR), https://youtu.be/IGQ9i-xdruc

4 Peter Wohlleben, Das geheime Leben der Bäume, Ludwig Verlag München, 2015 und »La forêt Albinos«, Science et Vie, n° 1201, octobre 2017

5 »Les bactéries s'allient pour le fer«, Science et Vie, n° 1200, septembre 2017

6 Die Bindungstheorie ist ein Feld der Psychologie, die einen spezifischen Aspekt zwischenmenschlicher Beziehungen behandelt. Ihr Prinzip beruht darauf, dass das Kleinkind, um sich sozial und emotional normal zu entwickeln, eine enge Beziehung zu mindestens einer Person entwickeln muss, die sich kohärent und ständig um das Kind kümmert (»caregiver«). Diese Theorie wurde vom Psychiater und Psychoanalytiker John Bowlby entwickelt, gestützt auf Arbeiten von Winnicott, Lorenz und Harlow.

7 Siehe die Arbeiten von Dr. Jean-Marie Delassus

8 André Stern, Spielen, um zu fühlen, zu lernen und zu leben, Elisabeth Sandmann Verlag, München 2016

9 Catherine Baker, Insoumission à l'école obligatoire, Verlag Tahin Party, Lyon 2006

10 Molière's sämmtliche Werke, herausgegeben von Louis Lar, Aachen und Leipzig, Verlag von Jacob Anton Mayer, 1837

11 Sir Ken Robinson, The Element. How Finding Your Passion Changes Everything, Penguin Books, 2010

12 »*Prosa*«, sagt Molières Monsieur Jourdain, »*Prosa* spreche ich seit vierzig Jahren; ich hab' es nur nicht gemerkt.« Aus: Molière, Der Bürger als Edelmann

13 Auch heute wird die 18er Regel von den Gitarrenbauern noch angewandt, verfeinert auf 17,8171537.

14 Dem französischen Sprachwissenschaftler Jean-François Champollion gelang 1822 erstmals die Entzifferung der ägyptischen Hyroglyphen.

15 Das allgemeine Frauenstimm- und Wahlrecht wurde in der Schweiz 1971 eingeführt.

16 dailymail.co.uk, 9. August 2012

17 Aus dem Englischen übersetzt

18 Sir Ken Robinson: The Element. How Finding Your Passion Changes Everything, Penguin Books, 2010

19 Aus dem Englischen übersetzt

20 Olivier Keller, Denn mein Leben ist Lernen, Arbor Verlag, Freiamt im Schwarzwald 1999

21 Sportanlage in Form einer in der Längsachse halbierten Röhre für Skateboard,

Snowboard, Skiakrobatik und Rollschuhe

22 Copyright by permission of Jonathan Livingston Seagull, Inc. Übersetzt aus dem Englischen

23 Gerald Hüther, Männer. Das schwache Geschlecht und sein Gehirn, Vandenhoeck & Ruprecht, Göttingen 2009

BILDNACHWEIS

Anne Loustaunou-Greenberg: Covermotiv, S. 6, 50, 138, 146
André Stern: S. 28, 63, 100, 114, 148
Arno Stern: S. 14, 52, 90, 104, 124
Eléonore Stern: S. 42, 70, 79

NF 508/1/04.21